Inhaltsverzeichnis

Vorwort

Mit Kindern Wunder vollbringen?

Wenn Menschen meine Fortbildung *Zaubern im Unterricht* besuchen, steht oft eine Projektwoche oder Ähnliches an. Oder man ist auf der Suche nach einem „schönen“ Thema für eine Vertretungsstunde bzw. die letzten Tage vor den Sommerferien. Damit geht oft die Vermutung einher, Zaubern als didaktisches Thema sei eher für eine Art „Randstundendidaktik“ gedacht. Dem widerspreche ich entschieden! Zaubern ist ein höchst spannendes und motivierendes Unterrichtsthema für Kinder. Zaubern im Unterricht setzt kreative Potenziale frei und fördert zahlreiche Schlüsselqualifikationen wie Selbstvertrauen, Selbstdisziplin (Üben!), Neugier, Eigenverantwortung, Einfühlungsvermögen, Kritik- und Teamfähigkeit, Präsentationstechniken … die Liste ließe sich noch erweitern.

Auch die fachlichen Aspekte – neben Deutsch vor allem Naturwissenschaften und Mathematik – können problemlos in den Zauberunterricht einfließen, sind sogar notwendige Bedingung. Wer also auf der Suche nach guten Ideen für den Unterricht ist, kann mit der Zauberei Kinder begeistern und noch nicht entdeckte Talente der Schüler* zutage fördern.
Wer einmal erleben darf, wie ein schüchternes Kind voller Stolz ein Zauberkunststück auf der Bühne vorführt, kann im wahrsten Sinne des Wortes zwei Wunder erleben.

Die hier im Heft vorgestellten Zaubertricks sind aus über neunjähriger Erfahrung in der Lehrerfortbildung entstanden und wurden unzählige Male erfolgreich vorgeführt. Sie sind in der Regel leicht erlernbar und bieten die Möglichkeit der individuellen Differenzierung. Somit eignen sie sich auch für den Einsatz in jahrgangsgemischten Lerngruppen.

Auf einige theoretische Aspekte konnte und wollte ich jedoch nicht verzichten, um das im Unterricht immer noch sehr stiefmütterlich behandelte Thema möglichst umfassend darzustellen. So beginnt das Buch mit einer theoretischen Einführung, bevor dann insgesamt 17 Zaubertricks präsentiert werden. Um es so einfach wie möglich zu halten, finden Sie zu jedem Zaubertrick neben dem Grundeffekt das benötigte Material sowie alles Wissenswerte zur Vorbereitung und Durchführung. Die Präsentationsideen dienen als erste Anregung. Oft haben Sie oder Ihre Schüler eigene Ideen, die viel besser auf die Situation vor Ort passen! Lassen Sie sich aber gerne inspirieren. Immer sind einige persönliche Gedanken angehängt, wo ich von eigenen Erfahrungen berichte.

Ich wünsche Ihnen nun viel Freude mit dem vorliegenden Werk, viele Wunder im Unterricht und viele staunende Gesichter bei Ihren Vorführungen!

Mein besonderer Dank gilt der Illustratorin Jenny Katzmann, die mit ihren schönen Illustrationen das Heft mitgestaltet hat.

Matthias Kürten

*__Anmerkung:__ Aus Gründen der besseren Lesbarkeit wird im Folgenden auf eine sprachliche Differenzierung der weiblichen und männlichen Bezeichnung verzichtet. Selbstverständlich sind stets alle Geschlechter angesprochen.

Theoretische Einführung: Warum Zaubern?

Gründe, in der Schule mit Kindern zu zaubern, gibt es viele! In erster Linie sind es die bereits im Vorwort erwähnten Schlüsselqualifikationen. Fachwissen allein reicht nicht mehr, weder um im (späteren) Berufsalltag (egal in welcher Branche und welcher Position) zurechtzukommen, noch um die großen sozialen und ökologischen Probleme unserer Zeit zu lösen. Das Erlernen der Zauberkunst (bewusst als KUNSTform genannt) ist hier hilfreich, da es enorm zur Persönlichkeitsentwicklung beiträgt. In dieser kurzen theoretischen Einführung unterscheide ich, warum es sich lohnt, als Lehrkraft *für* Kinder zu zaubern und anschließend, warum es sinnvoll ist, *mit* Kindern zu zaubern. Beides hat im schulischen Kontext seine Berechtigung.

1. Zaubern für Kinder

1. Februar 2007, meine erste Unterrichtsstunde als Fachlehrer an einer Grundschule im „Brennpunkt": Die Kinder sollten die Hausaufgaben abschreiben, während Marcel[1] munter weiter sein Arbeitsmaterial bekritzelte. Naiv und freundlich forderte ich ihn auf: „Marcel, schreibst du bitte deine Hausaufgaben ab?" Darauf seine Antwort: „Alter, davon träumst du! Einer meiner Brüder sitzt im Knast, der zweite in der psychiatrischen Anstalt und der dritte wird noch polizeilich gesucht. Wenn ich einen davon rufe, bist du so klein mit Hut!" (Er zeigte mit Daumen und Zeigefinger einen ca. 1 cm großen Spalt.) Ich staunte nicht schlecht.

Gleicher Schüler, andere Szene: Ich zauberte Marcel ein paar große Wallnüsse hinter dem Ohr hervor und es entwickelte sich ein lockeres, freundliches Gespräch.
Wenn ich Marcel heute gelegentlich im Freibad oder anderweitig zufällig treffe, bin ich für ihn immer noch der „coole Lehrer, der zaubern kann", und wir haben ein gutes Verhältnis.

Was ich aber eigentlich mit dieser Anekdote sagen möchte: Zauberkunststücke erleichtern Lehrkräften die Kontaktaufnahme zu Kindern, besonders zu solchen, die vielleicht als „Problemkinder" oder Ähnliches eingestuft werden. Weitere Gründe, warum es sich lohnt, als Lehrkraft zu zaubern sind, dass man Schüler verblüffen oder mal schnell die Aufmerksamkeit auf sich ziehen kann. (Ich habe gelegentlich mein brennendes Portemonnaie mit in der Schule gehabt. Schlägt man es auf, schlagen kleine Flammen hervor – egal, wie unruhig es war, anschließend waren alle Blicke zu mir gerichtet und ich konnte mit einer kleinen Überleitung mit meinem Thema beginnen.)

Zauberkunststücke können als Belohnung (nicht materieller Art) eingesetzt werden, zum Beispiel nach einer anstrengenden Klassenarbeit oder einer gelungenen Lehrprobe. Kurzum: Zaubert man gelegentlich als Lehrkraft, verbessert dies nachhaltig das Klassenklima. Die größte Stärke der Zauberkunst entfaltet sich aber, wenn man mit Kindern zaubert und Schüler Zauberkunststücke selbst lernen und vorführen, womit ich zum nächsten Punkt komme.

2. Zaubern mit Kindern

Peter Petschik, ein von mir sehr geschätzter Pädagoge, hat einmal bei einer Zauberfortbildung, die ich als junge Lehrkraft besucht habe, von seiner Zeit als Förderschullehrer und den Situationen, in denen ihm das Zaubern geholfen hat, berichtet:

1) Name geändert

„Kinder sind an allem, was mit Zauberei zusammenhängt, sehr interessiert. Dies mache ich mir im Rahmen meiner Beratungs- und Diagnosetätigkeit zunutze. Werde ich zur Feststellung eines AOSF an eine Schule eingeladen, so gibt es immer eine Beobachtungs- und eine Testphase. Am Ende der Beobachtungsphase zeige ich immer 1–2 Zauberkunststücke. Dabei lauschen mir die Schüler gebannt und können nicht genug zu sehen und zu hören bekommen. Frage ich dann, wer anschließend mit mir in die Einzelsituation gehen will (die Testphase), melden sich in der Regel alle Kinder, sodass ich mir den Schüler, den ich testen muss, quasi „freiwillig" aussuchen kann. Dieser wird von den anderen Schülern beneidet – schließlich darf er den Zauberer begleiten. Eine Diskriminierung im negativen Sinne und eine Stresssituation durch das Testen kann so umgangen werden. Oft waren die Schüler sogar in der Testsituation hoch motiviert, mit mir als „Zauberer" zusammenzuarbeiten. Zum Schluss wird das Kind mit einem Zaubertrick belohnt, ggf. sogar mit einem Kunststück, welches es anschließend der Klasse vorführen kann. So haben besonders die Kinder ein Erfolgserlebnis, denen es ansonsten im Schulalltag verwehrt bleibt. Sie erleben, dass sie etwas können, was andere Kinder nicht können – eine unglaublich wertvolle Erfahrung."[2]

Diese Erzählung von Peter Petschik hat mich damals so berührt, dass ich hochmotiviert war, Zaubern im Unterricht einzusetzen, denn:

Zaubern ist für die Persönlichkeitsentwicklung der Schüler enorm hilfreich und unterstützend. Damit Kinder lernen können brauchen sie, wie Heide Bambach, ehemalige Leiterin der Bielefelder Laborschule, darstellt, Leistungszuversicht. Und die bekommt man am besten durch Erfolgserlebnisse[3]. Zauberei kann diese Erfolgserlebnisse schaffen, trägt zur Ich-Stärke und Stärkung der Selbstkompetenz bei sowie zur Weiterentwicklung der sozialen und kommunikativen Kompetenzen. Wer etwas kann, was andere nicht können, macht sich interessant. Dies stärkt das Selbstvertrauen und oft sind auch Kinder motiviert, die sonst eher schüchtern sind.

Sogar Kinder, die eine Vielzahl von Förderschwerpunkten haben, können mit Hilfe der Zauberkunst neue Fähigkeiten erwerben und relativ schnell Erfolgserlebnisse erfahren – nichts Anderem widmet sich zum Beispiel der von David Copperfield gegründete Verein *David Copperfields Project Magic,* der sich zum Ziel gesetzt hat, den therapeutischen Nutzen der Zauberei herauszuarbeiten und dessen Trickbücher auch für die Arbeit im (Schul-)Unterricht hilfreich sind[4]. Zaubern fördert die Kreativität, egal ob beim Schreiben der Vorführtexte, beim Herstellen der Requisiten oder aber, wenn zu Beginn einer Zauberstunde spekuliert wird, wie das Kunststück wohl funktionieren könnte. Es erhöht die Frustationstoleranz, da Fehler und Probleme sowohl beim Einstudieren als auch bei der Vorführung bewältigt werden müssen.

Zu guter Letzt sei noch erwähnt, dass viele Kunststücke die (fein-)motorischen Fähigkeiten schulen und einen fachlichen Bezug zu diversen Unterrichtsfächern (Deutsch, Mathematik, alle Naturwissenschaften, Sport und Kunst) bieten. Es gibt also mehr als genug Gründe, die Zauberkunst nicht nur in Hogwarts zu lehren. Fangen wir also an!

2) Sinngemäß nacherzählt, wie ich es in Erinnerung behalten habe. Ein ähnlicher Text findet sich auch von Peter Petschik in der E[LAA]N Nr. 50/2012.
3) Heide Bambach: Ermutigungen. Nicht Zensuren. Libelle Verlag (1994)
4) *www.project-magic.de*

Zaubern im Unterricht – typischer Ablauf einer Unterrichtsstunde

Viele Zauberbücher für Kinder beschreiben nur Zaubertricks, die Erklärung und das benötigte Material. Wollen wir aber Zaubern als didaktisches Hilfsmittel in der Schule nutzen – mit den bereits erwähnten positiven Effekten – ist es sinnvoll, sich auch den Aufbau einer typischen Unterrichtsstunde mit einem Zauberkunststück genau anzugucken. Damit werden wertvolle Lernerfahrungen ermöglicht, die sonst vielleicht keine Beachtung gefunden hätten.

Eine typische Zauberstunde gliedert sich in: **Initiation, Orientierung, Transformation** und **Reflexionsphase.** Sie unterscheidet sich dabei kaum von anderem guten Unterricht. Hier einige Hinweise für diese vier Phasen:

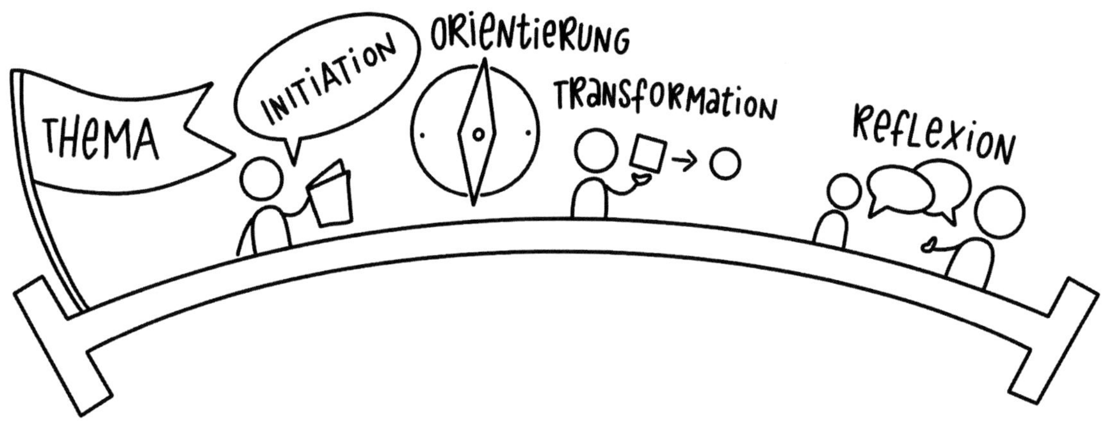

Thema:
Erlernen eines Zaubertricks
Der Titel muss entsprechend an das jeweilige Kunststück mit dem pädagogischen Ziel angepasst werden, zum Beispiel „Der Zahlenhellseher – Mit Kindern mathematische Eigenschaften entdecken" oder „Der magische Kronkorken – mit Schülern die freie Rede trainieren".

Initiation:
Die Initiation dient dazu, die Kinder für das Zauberkunststück zu begeistern. Dies geschieht, indem man als Lehrkraft eine Geschichte erzählt oder den Kindern das Kunststück anderweitig präsentiert.

Orientierung:
Während der Orientierung lassen die Kinder ihrer Kreativität freien Lauf. Zunächst sollen die Schüler beschreiben, *was* sie beobachtet und gesehen haben. Dies schult die Wahrnehmung und hilft, hinter das Geheimnis zu kommen. Welche Zahlen standen auf dem Zettel? Weisen diese Besonderheiten auf? Hat der Lehrer uns vorher mit der Kreide malen lassen? Das alles sind Fragen, die Schüler in Bezug auf ein Kunststück stellen können. Anschließend dürfen die Kinder rätseln, Vermutungen anstellen und eigene Lösungsmöglichkeiten skizzieren. Ich halte es für sehr wichtig, dass die Schüler die Gelegenheit bekommen, selbst herauszufinden, wie etwas geht, da sie in der gemeinsamen Diskussion viele wertvolle Lernerfahrungen machen, kreativ sind und gut argumentieren müssen. Je mehr die Kinder hierbei rätseln, messen, analysieren und probieren dürfen, desto mehr lernen sie. Dabei ist es egal, ob die Vermutungen richtig oder falsch sind.

Nachdem die Schüler die Lösung herausgefunden haben (dies kann auch durch kleinere Tipps angeleitet werden) oder – in seltenen Fällen – der Lehrer die Lösung komplett präsentieren musste, geht es darum, die Kinder in die Transformation zu entlassen, damit das Kunststück einstudiert werden kann. Dabei sind folgende Fragen wichtig, die unbedingt geklärt werden müssen:

- Worauf muss ich bei der Vorführung achten?
- Wo finde ich Material?
- Mit wem kann ich zusammenarbeiten?
- Was muss neben dem reinen Trickgeheimnis noch erarbeitet werden? (also die Art der Präsentation, stumm oder mit Text / wenn mit Text: Welche Geschichte möchte ich mir zum Kunststück überlegen?)

In seltenen Fällen kann es sinnvoll sein, die Kinder mit dem Arbeitsauftrag zu entlassen, herauszufinden, wie ein Zaubertrick funktioniert. Bei diesen (sehr wenigen) Ausnahmen wird aber im Heft gesondert darauf hingewiesen (zum Beispiel beim Kunststück „Blitzrechner“).

Transformation:
Während der Transformations- bzw. Arbeitsphase ist es die Aufgabe der Kinder, das Kunststück einzustudieren. Sind die Kinder gut eingewiesen worden, gelingt dies mit einer Motivation, wie man diese sonst selten im Unterrichtsalltag erlebt. Als Sozialform empfehle ich, den Kindern die freie Wahl zu lassen: Manche Kinder erarbeiten ein Zauberkunststück lieber alleine, während andere dies zusammen mit der besten Freundin oder in einer Kleingruppe einstudieren wollen. Die intrinsische Motivation ist so hoch, dass die Kinder konzentriert an der Aufgabe arbeiten und sich auch in Kleingruppen in der Regel nicht ablenken lassen. Des Weiteren fördert die Teamarbeit den kreativen Prozess bei der Ideenfindung für die mögliche Präsentation. Im Vorfeld sollte den Kindern bereits klar sein, was von ihnen in der Transformation erwartet wird: Nur den (fein-)motorischen Ablauf des Kunststückes einüben? Oder bereits erste Präsentationsideen mitbringen und notieren? Oder sogar schon eine Vorführung einstudieren? Diese Fragen hängen natürlich auch vom Alter und Entwicklungsstand der Lerngruppe ab und können in (jahrgangsgemischten) Lerngruppen auch entsprechend differenziert gegeben werden.

Reflexion:
In der Reflexion sollte zunächst besprochen werden, wie das Einstudieren geklappt hat. Der *Weg ist das Ziel* (oder ein Teil des Ziels) gilt besonders für die Zauberkunst. Gab es Schwierigkeiten beim Einstudieren? Welcher Teil muss ggf. noch einmal besprochen oder geübt werden? Im Anschluss erhalten die Kinder die Möglichkeit, den Zaubertrick vorzuführen und bekommen eine entsprechende Rückmeldung. Ich unterscheide hier in „Sonne“ und „Tipps“. Nach einer Präsentation ist zunächst die „Sonne“ dran. Hierbei können die Zuschauer sagen, was ihnen gut gefallen hat, bevor bei „Tipps“ Ideen und Verbesserungsvorschläge kommen. In einer weiteren Unterrichtsstunde kann man den Kindern dann erneut die Gelegenheit geben, an dem Zaubertrick zu arbeiten.

Die Theorie – Regeln

Bevor die Kinder ein Trickgeheimnis von mir bekommen, bespreche ich mit ihnen ganz wenige Zauberregeln. Dies kann direkt zu Beginn einer Unterrichtseinheit geschehen, oder aber – was ggf. mehr Sinn macht – nachdem der erste Zaubertrick vorgeführt wurde und man sich die Regeln gemeinsam mit den Kindern überlegt hat. In der Literatur werden mal mehr, mal weniger Regeln präsentiert. In manchen Zauberbüchern habe ich bis zu zehn Regeln gefunden, die eingehalten werden sollen. Ich halte dies für nicht zielführend, zumal es dann auch immer mehr Ausnahmen gibt. Die Regel „Lasse niemals deine Zaubergeräte untersuchen“ zum Beispiel macht oft keinen Sinn, da es viele Zauberkunststück gibt, wo alle Requisiten untersucht werden dürfen, ja sogar sollen, damit das Publikum weiß, dass kein „doppelter Boden, geheimer Helfer, Magnet oder Zauberzwerg“ im Beutel oder Ähnlichem versteckt ist. Ich habe mich auf die aus meiner Sicht drei wichtigsten Regeln beschränkt, nämlich *1. Keinen Trick verraten! 2. Üben!* und *3. Keine Wiederholung eines Zaubertricks!*

1. Keinen Trick verraten!

Dies ist die mit Abstand wichtigste und bekannteste Regel und doch die, die Kinder am Schwersten beherzigen können. Deshalb ist es besonders wichtig, den Kindern am Beispiel eines Zaubertricks zu verdeutlichen wie wichtig es ist, dass man ein Zaubergeheimnis für sich behält. Denn: Welche Illusion würde beim Zuschauer zerstört, würde man den Zaubertrick verraten? Die Kinder müssen verstehen, dass ein Trickverrat dazu führt, dass dem Zuschauer eine wunderschöne Illusion genommen wird und man auch als Vorführender anschließend keine Bewunderung mehr für die Vorführung, sondern nur noch abwertende Kommentare, nach dem Motto: „Na, dann kann ich das ja auch!“, bekommt.

Oft erhalte ich dann den Einwand: Aber du hast uns den Zaubertrick doch auch verraten! Dem entgegne ich, dass es keine Zauberer mehr geben würde, wenn alle Zauberer ihre Geheimnisse für sich behalten würden, und dass dies ja auch nicht schön wäre, denn damit würden auch alle Zaubertricks verschwinden. Daher ergänze ich dann: Wenn man einen Zauberlehrling hat, der wirklich das Zaubern lernen will, dann kann man einen Trick verraten. Man sollte sich das aber sehr genau überlegen und am Besten jemanden auch erstmal ein Jahr warten lassen – oft ist dann das Interesse verschwunden. Ich möchte auch Sie als Leser dieses Heftes bitten: Bewahren Sie die hier gelernten Geheimnisse für sich und geben Sie diese nicht wahllos weiter. Sie nehmen damit professionell auftretenden Zauberkünstlern unter Umstände die Chance, diese vorzuführen, da das Publikum die Geheimnisse kennt und den Zuschauern die Möglichkeit genommen wird, Wunder „live“ zu erleben.

2. Üben!

Die zweite Regel ist nicht weniger anstrengend für Kinder. Ein Zaubertrick muss so oft geübt werden, bis man ihn zu 100 % beherrscht. Ist dies nicht der Fall und führt man den Zaubertrick so vor, dass die Zuschauer direkt hinter die Lösung kommen, ist dies nichts anderes als Geheimnisverrat (Regel 1). Ich erzähle meinen Schülern, dass ich einen Zaubertrick bis zu 500 Mal übe, bevor ich ihn den ersten Menschen (meist Zauberkollegen, aber auch Freunden und Bekannten) vorführe. Erst nach dieser sehr langen Testphase, die oft über ein halbes Jahr und länger dauert, geht das Zauberkunststück in mein professionelles Repertoire über. Obwohl ich seit ca. 20 Jahren zaubere, habe ich eigentlich nur gut 30 Zaubertricks, die ich in unterschiedlichen Programmen zeige. Dies verdeutlicht vielleicht, wie lange und intensiv man an Zaubertricks üben und arbeiten muss, ehe diese wirklich bühnentauglich sind. Natürlich werden die Kinder keinen Zaubertrick 500 Mal üben, bevor sie damit auf die Bühne kommen. Aber wenn sie durch diese Anekdoten dazu animiert werden, lange und ausdauernd zu üben, so ist schon viel gewonnen. Ich weise in diesem Zusammenhang auch darauf hin, dass es einen grundlegenden Unterschied zwischen einer Zaubervorführung und anderen künstlerischen Aufführungen in der Schule gibt: Führe ich beispielsweise ein Musikstück oder Gedicht vor und es passiert mir ein Fehler, kann ich die Vorführung wiederholen und erneut beginnen. Bei einem Zauberkunststück ist dies nicht der Fall. Ist der Fehler so gravierend, dass das Trickgeheimnis durchschaut wird, macht es keinen Sinn, das Kunststück erneut zu beginnen. Daher kann man die Wichtigkeit des Übens nicht oft genug betonen.

3. Ich zeige jeden Zaubertrick nur einmal!

Bei dieser dritten Regel gibt es leider zahlreiche Ausnahmen – auch in diesem Buch. Dennoch ist diese Regel in den allermeisten Fällen gültig. Bei einer Wiederholung kennt das Publikum den Ablauf und weiß, worauf es achten muss. Dadurch steigt die Gefahr, dass unser Trickgeheimnis durchschaut wird. Zum anderen bleibt die Frage, was ich mit einer Wiederholung bezwecken will. Das Wunder wurde ja bereits erlebt und wird in der Wiederholung (in der Regel) nicht zauberhafter. Es kann aber beim Zuschauer das Gefühl entstehen, dass er „zu blöd ist, hinter den Zaubertrick zu kommen“. Oder die Vorführung kann den Eindruck erwecken, als würde das Publikum nach dem Motto: „Ich kann was, was ihr nicht könnt.“ herausgefordert. Das ist nie sympathisch und sorgt nicht für gute Laune. Daher: Jeden Zaubertrick nur einmal vorführen – auch wenn es schwerfällt und die Versuchung sicher groß ist!

Die einzige Ausnahme sind Zauberkunststücke, wo in der Wiederholung etwas anderes passiert, oder aber Zauberkunststücke, bei denen der Effekt in der Wiederholung gesteigert wird (vgl. Das wandernde Gummiband, s. S. 17) bzw. wo die Wiederholung zum Verständnis des Zaubertricks nötig ist (vgl. Der Blitzrechner, s. S. 21).

Ein paar Worte zur Präsentation / Aufbau einer Zaubervorführung

Die Präsentation verleiht der Vorführung eines Zaubertricks die notwendige Bedeutung. Nehmen wir als Beispiel „Das wandernde Gummiband“ (s. S. 17). Ein Gummiband springt nicht einfach zwei Finger weiter, sondern durch die Geschichte (bei mir der Junge, der heimlich zum Fernseher möchte) erhält die Vorführung einen Sinn. Daher muss der Text gut überlegt und geplant sein, damit die Zuschauer von der Geschichte berührt werden. Die Regeln, die bei der Vorführung gelten, sind eigentlich die gleichen, die auch für eine Theateraufführung gelten. Ein berühmter Zauberer hat richtigerweise einmal (sinngemäß) gesagt: „Ein Zauberer ist ein Schauspieler, der einen Zauberer spielt.“ Daher macht es durchaus Sinn, sich Literatur zum Theaterspielen in der Schule zu besorgen und diese Regeln hier anzuwenden.

Den Text für die Zaubertricks können (und sollen) die Kinder auch selbst erarbeiten und ggf. aufschreiben – dies ist natürlich abhängig vom Entwicklungsstand der Kinder. Ein kleines Skript zu schreiben ist aber bereits am Ende des Anfangsunterrichtes möglich. Gute Ideen zur Vorführung kann man zum Beispiel über einschlägige Suchmaschinen im Internet finden: Möchte ich den Zaubertrick „Der Zahlenhellseher“ mit dem Thema Gedankenlesen vorführen, macht es Sinn, sich einige Ergebnisse zum Thema Gedankenlesen im Internet anzuschauen. Oft kommen Vortragsideen dann von allein und das Publikum merkt bei der Vorführung, dass man sich im Thema auskennt. Dies wiederum hat den Vorteil, dass der Vorführung eine größere Glaubwürdigkeit verliehen wird.

Wenn Sie mit der Klasse eine ganze (Schul-)Vorführung mit vielen Zauberkunststücken planen, geben Sie der Vorführung ein Motto. Dies gibt dem Ganzen einen sinnvollen Rahmen und verbindet die einzelnen Zaubertricks vorteilhaft miteinander. Gut eignen sich beispielsweise „Eine Weltreise“ (mit Magiern aus verschiedenen Ländern) oder „Ein magischer Zirkus“.

Bei der Anordnung der Kunststücke ist auf ein möglichst abwechslungsreiches Programm zu achten. Es ist für das Publikum langweilig, fünf Zaubertricks hintereinander zu zeigen, in denen ein Kind eine Zahl errät. Hier sind vielmehr die Abwechslung und die Präsentation möglichst vieler unterschiedliche Effekte gefragt (zum Beispiel Wanderung von Gegenständen wie bei den „springenden Gummibändern“, eine Restauration wie bei den „beschmierten Heften“ und Gedankenlesen wie beim „Zahlenzauber“ in diesem Heft). Der stärkste Zaubertrick sollte bei der Vorführung am Ende des Programms stehen und der zweitstärkste Zaubertrick als Erstes präsentiert werden.

Und noch ein Tipp: Haben Sie immer eine Zugabe in der Hinterhand.

Die Lenkung der Aufmerksamkeit

Gerade von Laien hört man immer wieder den Satz: „Wo haben Sie mich nur gerade wieder abgelenkt?“ Die Lenkung der Aufmerksamkeit ist in der Tat eines der wichtigsten Werkzeuge eines Zauberers. Viele Publikationen zu diesem Thema sind jedoch zurecht nur für professionelle Zauberer bestimmt und nicht über den öffentlichen Buchhandel zu erwerben. Daher will ich mich hier auf einige ganz wenige Regeln beschränken, welche ich für wichtig erachte, um die in diesem Buch verratenen Tricks vor Entlarvung zu schützen. Sollten Sie darüber hinaus Interesse an dieser Thematik haben, so finden Sie im Anhang (s. S. 48) Anlaufstellen, um sich intensiver mit der Materie zu beschäftigen.

Hier sechs einfache Tipps, wie Sie effektiv die Aufmerksamkeit ihres Publikums steuern können:

1. Glaube, was du tust

Es klingt zu einfach, um wahr zu sein, aber: Je mehr wir an das glauben, was wir machen, desto mehr überzeugt es auch unsere Umwelt. Der Grund ist einfach: Die meisten Signale senden wir nicht mit der Sprache, sondern mit unserem Auftreten aus. Die vielen Seminare zum Thema Körpersprache sind nur einer von vielen Belegen für diese These. Wenn wir also einen Zaubertrick vorführen und uns vorstellen, wir könnten zum Beispiel wirklich die Gedanken unserer Zuschauer lesen, so senden wir unbewusst ganz viele Signale an unser Publikum aus, die dieses zusätzlich überzeugt.

2. Sei natürlich und überzeugend

Regel 2 schließt nahtlos an Regel 1 an. Es gibt immer kritische Momente bei Zaubertricks, wo die Gefahr besteht, dass wir enttarnt werden. Je mehr wir solche Situationen üben, desto weniger besteht die Gefahr, entdeckt zu werden. Das Publikum merkt sehr genau, wenn man zum Beispiel das Tempo seiner Bewegungen beschleunigt und hektisch wird oder eine unnatürliche Geste macht. Je entspannter wir sind, desto überzeugender sind wir auch. Dabei hilft

es, sich klar zu machen: Ein Fehler ist kein Weltuntergang; vor allem gilt aber: Übung macht den Meister!

3. Größere Bewegungen decken kleinere Bewegungen

Unsere Vorfahren waren geradezu darauf programmiert, große Bewegungen genau wahrzunehmen. Schließlich konnte da ein Säbelzahntiger oder die nächste Mahlzeit im Gebüsch lauern. Dies haben wir heute noch in den Genen, weshalb wir kaum dagegen ansteuern können, größeren Bewegungen mehr Beachtung zu schenken als kleineren. Bei vielen Zaubertricks in diesem Heft müssen kleinere Trickhandlungen ausgeführt werden, zum Beispiel bei dem „wandernden Gummiband". Wenn diese Handlungen beispielsweise mit einem Schritt zum Publikum kombiniert werden, ist es fast unmöglich, diese zu entdecken – eine entsprechende Übung vorausgesetzt.

4. Das richtige Timing

Unser Gehirn neigt dazu, neue Informationen relativ schnell zu vergessen, oft schon nach ca. 20 bis 40 Sekunden. Wer einmal mit seiner Klasse Vokabeln oder das 1 x 1 geübt hat weiß, wovon ich spreche. Daher: Die geheime Trickhandlung und der Effekt sollten möglichst weit auseinander liegen, sodass das Publikum die nebensächliche Trickhandlung schon vergessen hat. Um es am Beispiel des wandernden Gummibands zu verdeutlichen: Der Moment, wo ich den Gummiring spanne und der Moment, wo der Gummiring von oben nach unten springt, sollten entsprechend weit auseinander liegen. Im besten Fall behauptet ihr Publikum anschließend, dass Sie die Gummis nie berührt haben.

5. Stelle einen falschen Bezug her

Beim Text sollte man möglichst weit von der richtigen Lösung entfernt bleiben, um überhaupt keinen Gedanken an die Lösung aufkommen zu lassen. Die (mathematische) Lösung des Zahlenhellsehers liegt in der elementaren Zahlentheorie begründet: Jede Zahl lässt sich mit Hilfe ihrer 2er-Potenzen darstellen. Wenn ich aber beim Zaubertrick die ganze Zeit nur davon spreche, dass ich die Körpersprache meines Gegenübers lese, wo er hingeschaut hat etc., so wird dieser Zaubertrick – obwohl es hier auch sehr viel um Zahlen geht – nie in Zusammenhang mit einfacher Mathematik gebracht, dabei liegt genau da die Lösung. **Daher:** Ein falscher Bezug erschwert die Auflösung extrem.

6. Sei sympathisch

So einfach und doch fällt es mir extrem schwer. Nein, im Ernst: Wir glauben Menschen, die uns sympathisch sind eher, als Menschen, die wir nicht mögen. Verkäufer machen sich diesen Umstand zunutze und werden speziell hierauf geschult. Warum also sollten wir es nicht auch als Zauberkünstler so machen. Wenn wir Zaubertricks nett und humorvoll präsentieren, dann hilft uns das, glaubwürdig zu erscheinen. Heißt das jetzt im Umkehrschluss, dass ich je nach Thema meiner Zaubervorführung keinen „bösen" Zauberer spielen kann? Nein! Denn auch hier kann eine gute und gelungene „böse" Vorführung durch ihre gute Leistung sympathisch und glaubhaft überzeugen.

Die Zaubertricks

Nun folgt der „praktische“ Teil des Heftes: Eine Zusammenstellung von insgesamt 17 Zaubertricks. Sie können überall beginnen und sich einfach Kunststücke aussuchen, die Ihnen gefallen und die Sie gerne einmal Ihrer Lerngruppe oder einem Kollegen zeigen wollen. Möchten Sie mit Ihrer Klasse eine Vorführung erarbeiten, so empfiehlt sich eine Auswahl von 6 bis 10 Zaubertricks. Ich habe bereits eine mögliche Sortierung der Zauberkunststücke vorgenommen, sodass es möglich wäre, die Kunststücke in der vorgeschlagenen Reihenfolge zu präsentieren. Aber natürlich sind Ihnen und Ihren Möglichkeiten hier keine Grenzen gesetzt.

Zu allen Zaubertricks werden der Effekt, das Material, die Vorbereitung, die Durchführung, Ideen für die Präsentation und meine persönlichen Gedanken beschrieben. Ich hoffe, damit die Vorbereitung so einfach und schnell wie möglich zu halten – und zumindest die Vorbereitung ist ohne viel Aufwand möglich. Dieser Hinweis soll Sie zusätzlich motivieren, direkt zu starten.

  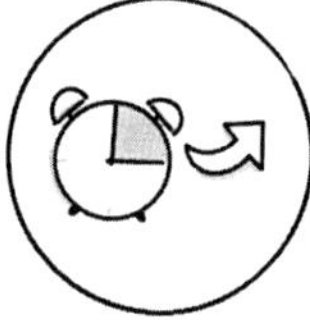   

Warm-up: 

Die drei hier vorgestellten Zaubertricks eignen sich sehr gut als „Vorband“ vor der eigentlichen Zaubervorführung. Die Kunststücke sind kurz, verblüffend und schnell vorzuführen. Jedes hat eigene Stärken und sicher werden auch Sie ein Lieblingskunststück finden.

Der Armverdreher

Effekt:
Sie bitten das Publikum, Ihnen alles nachzumachen, quasi als Auflockerungsübung. Am Ende hat Ihr Publikum die Arme verknotet, während Ihre Daumen locker nach oben zeigen.

Material: –

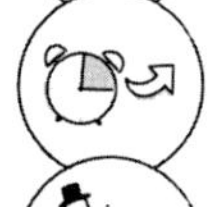

Vorbereitung: –

Durchführung:

1. Fordern Sie das Publikum auf, sich von den Plätzen zu erheben und Ihnen alles nachzumachen. Strecken Sie die Arme aus, die Daumen sollen nach unten zeigen (Abbildungen 1 und 2, S. 13).

2. Überkreuzen Sie die Arme. Dabei sollen die Finger der rechten und der linken Hand ineinandergreifen und die Daumen nach unten zeigen. (Abb. 3) Die verschränkten Arme werden dabei mittig vor den Körper gehalten.

3. Jetzt entdecken Sie scheinbar einen Fehler bei jemanden aus dem Publikum. Sie lösen die rechte Hand, zeigen mit dieser auf die Person und sagen zum Beispiel folgenden Satz: „Nein, bitte die Arme richtig schön in der Mitte halten“. Dabei kann auch gerne die Position beim Teilnehmer noch leicht korrigiert werden. Die linke Hand behält ihre Position unverändert. (Abb.4)

4. Beim Zurückkommen der rechten Hand drehen Sie diese um ca. 360 Grad (ganz wird man es nicht schaffen) im Uhrzeigersinn und verschränken die Arme wieder. **Wichtig:** Von dieser geheimen Handlung darf das Publikum nichts mitbekommen. Wenn Sie dies locker und natürlich machen, wird auch niemand etwas bemerken. (Abb. 5)

5. Jetzt bauen Sie noch eine zeitliche Verzögerung ein (s. „Die Lenkung der Aufmerksamkeit“, ab S. 10). Fordern Sie das Publikum auf, die Arme einmal nach links und einmal nach rechts zu bewegen.

6. Zum Schluss sagen Sie: Jetzt die Daumen nach oben drehen. Dabei drehen Sie die Hände um (ca.) 180 Grad nach oben (Abb. 6). Dem Publikum wird es nicht gelingen, da die Hände ja noch in der Position aus Abb. 3 sind. Der Versuch des Publikums sieht jedoch lustig aus und sorgt immer für ein Lachen untereinander.

Sollte die hier beschriebene Erklärung nicht ausreichen, können Sie im Internet zum Beispiel bei der Suchmaschine *ecosia.org: Verdrehte Arme Zaubertrick* eingeben, dort erhält man auch ausführliche Videotutorials.

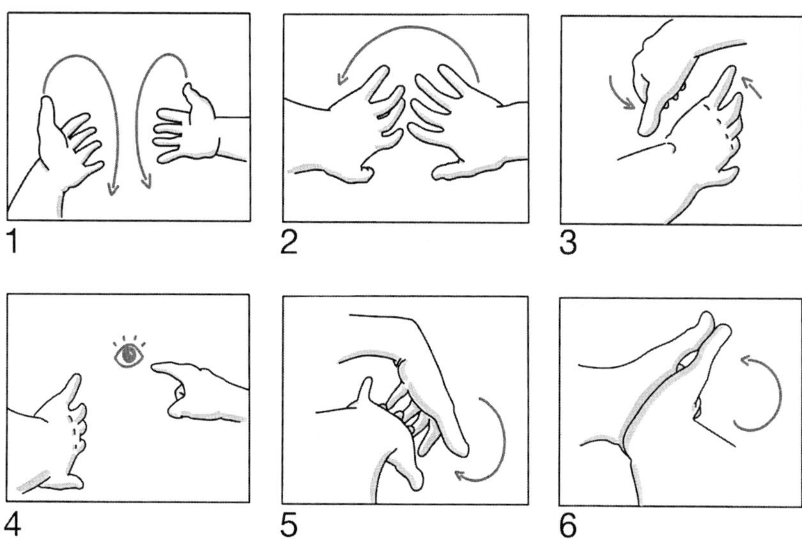

Ideen für die Präsentation:
Ich persönlich kündige dieses Kunststück immer als kleine Übung zum Lockerwerden an, die ich von einem „Schlangenmenschen“ gelernt habe. Es wäre aber auch möglich, zum Beispiel in einem Zauberprogramm, das Ganze als „Gesundheitscheck“ oder Ähnliches zu präsentieren.

Persönliche Gedanken:
Das Kunststück eignet sich sehr gut zu Beginn einer Zaubervorführung. Ich nutze es auch bei professionell gebuchten Auftritten. Ich komme direkt mit meinem Publikum in Kontakt, jeder im Publikum ist beteiligt und ich kann mich bereits mit ersten Zuschauern unterhalten. Dies erleichtert es mir später, wenn ich Helfer brauche, die richtige Person zu finden, da mir das Publikum schon vertraut ist. Da ich es hier nicht wirklich schlimm finde, wenn das Rätsel entdeckt wird, wiederhole ich das Kunststück teilweise und man merkt relativ schnell, wie das Publikum interagiert und Lösungen sucht und findet.

Die Kreide, die schmeckt

Effekt:
Sie betreten den Klassenraum / die Bühne und sagen, dass Sie besonders hungrig sind und noch nichts gegessen haben. Da die Kreide geradezu köstlich aussieht, können Sie es sich nicht verkneifen, ein Stück zu essen. Verzehren Sie das Kreidestück vor den ungläubigen Blicken des Publikums.

Material:
Lakritz-Konfekt „Schulkreide“ (zum Beispiel von *Red Band®*)

Vorbereitung:
Bevor der Klassenraum oder die Bühne betreten wird, platzieren Sie 2–3 Stücke der „Kreide“ unauffällig in Ihrer Tasche. Wenn Sie das Datum oder etwas anderes anschreiben und die richtige Kreide aus der Ablage nehmen, platzieren Sie die Lakritzkreide unauffällig dort.

Durchführung:
Nachdem die Kreide platziert wurde, Datum oder andere Dinge an die Tafel angeschrieben wurden, nehmen Sie aus der Kreideablage die Lakritzkreide, um noch etwas anzuschreiben. Mehr beiläufig bemerken Sie, dass Sie heute ja noch nicht gefrühstückt haben und die Kreide eigentlich sehr lecker aussieht. Ein Zauberspruch wird aufgesagt und anschließend wird die Kreide in den Mund genommen. Sie wird genüsslich gegessen oder aber weniger schmackhaft, wenn Sie feststellen, dass es doch nicht die leckerste Idee war.

Ideen für die Präsentation:
Neben der bereits erwähnten Frühstücksszene als Präsentationsidee gibt es noch weitere Möglichkeiten. Wie wäre es mit einer Zaubervorführung über Märchen? Im Stück „Der Wolf und die 7 Geißlein“ zum Beispiel frisst der Wolf ja auch Kreide – dies könnte hier für die Präsentation genutzt werden. Oder aber Sie fügen etwas ironisch Anmerkungen über gesunde Ernährung ein und sagen, dass Kreide ja gesund ist, weil zuckerfrei.

Je nachdem, ob Sie die Kreide wohlschmeckend oder mit einem unguten Gefühl essen möchten, kann es helfen, sich dies beim Essen wirklich vorzustellen. Wollen Sie es also möglichst realistisch und wenig geschmackvoll präsentieren, so denken Sie beim Kauen bitte an ein trockenes, kalkhaltiges, verstaubtes Stück Kreide. Ihre Mimik wird sich automatisch verändern. Sie glauben es nicht? Dann machen Sie doch einmal schnell ein kurzes Experiment:
Stellen Sie sich vor, Sie würden auf eine saure Zitrone beißen und versuchen Sie, den Saft mit all seinen sauren Facetten zu spüren. Stellen sie sich das Stück Zitrone dabei richtig schön vor? Ich hoffe Sie merken jetzt, wie sich Speichel im Mund bildet und sich die Mundwinkel zusammenziehen.

Persönliche Gedanken:
Ich bekomme häufiger die Frage gestellt (besonders von Lehrkräften) ob der Trick nicht zu riskant ist, da anschließend Schüler ohne Kenntnis des Trickgeheimnisses echte Kreide essen könnten. Ich muss sagen: Mir ist das noch nie passiert und ich habe diesen Trick sicher in unzähligen Klassen gezeigt. Mit der richtigen Präsentation wird auch kein Kind auf die Idee kommen, da ein Zauberer nun mal Dinge macht, die man im richtigen Leben besser nicht probiert – da würde ich mir dann auch bei dem Kunststück der zersägten Jungfrau mehr Sorgen machen!

Zur Beruhigung sei dennoch gesagt (ohne Garantie, da ich nicht alle Kreiden dieser Welt kenne): Weiße Kreide ist harmlos, da diese in der Regel nur aus Gips (Calciumsulfat) oder Kalk (Calciumcarbonat) besteht. Bunte Kreide enthält unter Umständen noch Farbstoffe, die aber ebenfalls ungiftig sein sollten.

Das Einzige, was mir nach der Vorführung dieses Kunststückes häufiger passierte war, dass Eltern mich bei Elternabenden oder -sprechtagen häufiger darauf ansprechen, ob es denn stimmen würde, dass ich Kreide esse … Dies geschieht aber niemals böswillig, sondern immer mit einem Augenzwinkern.

Die gekrümmten Lehrer

Effekt:
Zwei Lehrkräfte, die bereits vom vielen Arbeiten einen krummen Rücken haben, wechseln ihre Größe. Erst ist Herr Blau größer, später Frau Rot.

Material: Kopiervorlagen „Herr Blau und Frau Rot", „Zauberer" (S. 42) und Blanko-Kopiervorlage (S. 43)

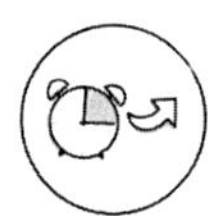

Vorbereitung:
Kopieren Sie die Vorlagen „Herr Blau und Frau Rot", malen sie ggf. an und schneiden sie aus.

Durchführung:
Halten Sie die Kopiervorlagen der beiden Lehrkräfte im Abstand von 2–3 Zentimetern nebeneinander und fragen Sie, welche Lehrkraft größer aussieht.
Das Publikum wird auf die Lehrkraft in der linken Hand tippen. Anschließend kann man mit einem kurzen Zauberspruch oder Ähnlichem die Plätze tauschen!
Das Publikum wird staunen, da nun die andere Lehrkraft scheinbar größer geworden ist.

Ideen für die Präsentation:
Es handelt sich hierbei um eine optische Täuschung, die unter Umständen auch stumm zur Musik mit entsprechender Mimik präsentiert werden kann.

Je nach Stimmung bieten sich viele Geschichten an, zum Beispiel, dass die beiden Personen sich streiten, wer denn eigentlich der Größere ist. (Dies kann man unter Umständen auch im Sachunterricht beim Thema „Recht haben" einsetzen – Fazit: Je nach Sichtweise haben beide Recht.) Wenn Ihnen die Figur der Lehrkraft zu verstaubt ist oder Sie eine andere Figur wählen wollen, so finden Sie bei den Kopiervorlagen noch zwei Zauberer sowie zwei Blankovorlagen (s. S. 42/43), die Sie mit entsprechendem zeichnerischen Geschick füllen können. Wie wäre es beispielsweise mit Bananen (grün und gelb anmalen) oder Tieren, die die Größe wechseln? Ihrer Fantasie sind hier keine Grenzen gesetzt.

Persönliche Gedanken:
Das Kunststück begleitet mich seit vielen Jahren, seit ich irgendwann einmal eine einfache Kopie in einem Zaubernachlass dazu gefunden habe. Ich mag es, weil der Effekt schnell und ohne große Erklärungen verständlich ist und bereits Kindergartenkinder diesen verstehen und sogar vorführen können. Bei meinen Zauberfortbildungen erlebe ich dennoch staunende Blicke der Teilnehmer, sodass es keinesfalls ein Effekt ist, der nur für das jüngere Publikum geeignet ist. Da Menschen optische Täuschungen oft geläufig sind, passiert es durchaus auch häufiger, dass die Lösung entdeckt wird, was aber bei diesem Warm-up-Trick kein Weltuntergang ist.

Los geht's und Action:

Die beiden hier vorgestellten Zaubertricks überzeugen mich, weil diese eine richtig starke Wirkung auf das Publikum haben und – bei entsprechender Übung – auch kaum enttarnt werden können. Vor einem kleineren Publikum (bis 30 Personen) kann man durchaus mit dem Zaubertrick „Das wandernde Gummiband" beginnen. Bei größerem Publikum bietet sich „Die beschmierten Hefte" an, da diese von einem großen Publikum deutlich besser gesehen werden können.

Das wandernde Gummiband

Effekt:
Ein Gummiring, der um Zeige- und Mittelfinger gespannt ist, wandert auf magische Art und Weise auf Ring- und Kleinfinger.

Material:
Sie benötigen zwei verschiedenfarbige Gummibänder. Ich persönlich kaufe dafür im Supermarkt eine „normale" Packung mit 100 Ringen und lasse die Kinder selbst experimentieren, welches für sie passend ist. Das Gummiband sollte weder zu straff noch zu locker an den Fingern anliegen. Es sollte elastisch anliegen, nicht weh tun, aber auch keine „Lücken" entstehen lassen.

Vorbereitung: –

Durchführung:

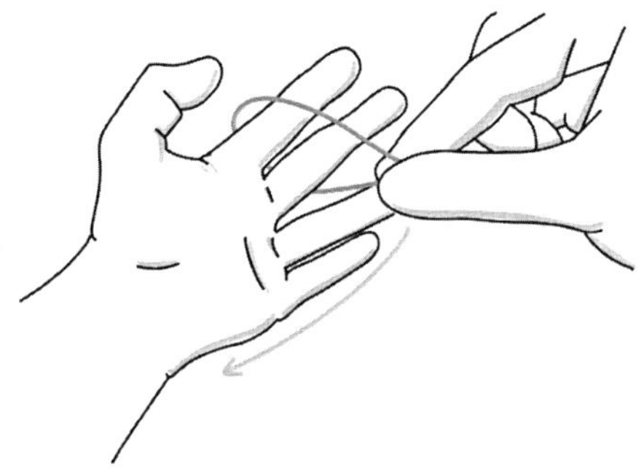

1. Zeigen Sie das Gummiband dem Publikum und lassen es auch gerne vom Publikum untersuchen. Anschließend ziehen Sie das Gummiband über Zeige- und Mittelfinger der linken Hand, bis es an der Wurzel der Finger angekommen ist (s. Abb.). Die Hand kann dabei senkrecht oder waagerecht gehalten werden.
   Die senkrechte Handhaltung ist nach meiner Erfahrung etwas einfacher. Wichtig ist jedoch, dass der Handrücken zum Publikum zeigt.

2. Überlegen Sie sich einen guten Grund, warum Sie jetzt noch einmal das Gummiband anfassen müssen. (Dies müssen Sie nämlich tun, um die geheime Trickhandlung durchzuführen.) In meinem Fall ist es so, dass ich das Gummiband (den Franz) vorstelle und erkläre, wo er sich gerade befindet (s. Ideen zur Präsentation). Dabei ziehe ich das Gummiband mit der rechten Hand zu mir hin.

3. Während Sie das Gummiband anfassen und zu sich hinziehen, schließen sich ihre Finger zu einer Faust, dadurch gelangen alle Finger – mit Ausnahme des Daumens – in das Gummiband (s. Abb.).
   Der rechte Zeigefinger lässt das Gummiband langsam los bzw. legt es über die Finger der linken Hand. Dieser Vorgang ist für das Publikum komplett unsichtbar und durch den Handrücken hervorragend gedeckt.

4. Jetzt erzähle ich noch ein paar Sätze über das Gummiband (den Franz), um eine zeitliche Verzögerung herzustellen. Anschließend öffne ich die linke Hand und das Gummiband springt automatisch auf Ring- und Kleinfinger der linken Hand (s. Abb.).

Steigerung (Runde 2):
Dies ist eines der wenigen Kunststücke, die man ein zweites Mal vorführen sollte! Hierfür benötigt man ein zweites Gummiband. Nachdem ich das Gummiband auf Zeige- und Mittelfinger gelegt habe, lege ich ein zweites Gummiband über alle Finger mit Ausnahme des Daumens: Dabei drehe ich das Gummiband zwischen den Fingern hin und her, sodass es scheinbar keine Chance gibt, hindurchzukommen. Ich nehme sogar noch einmal das wandernde Gummiband und versuche, es an der Stelle zwischen Mittel- und Ringfinger hindurchzuziehen, sodass das Publikum sieht, dass dies unmöglich ist. Um ganz sicher zu gehen, darf sogar ein Zuschauer nochmal die „Fesseln" untersuchen und prüfen, ob dort geheime Helfer – Spiegel, Magnete oder Ähnliches – versteckt sind. Wenn Sie jedoch die Trickhandlungen wie oben beschrieben erneut durchführen, werden Sie sehen, dass der Trick trotzdem funktioniert.

Ideen für die Präsentation:
Ich präsentiere das Gummiband als einen Jungen (Franz oder Ähnliches), der in seinem Kinderzimmer (Zeige- und Mittelfinger sind das Kinderzimmer) sitzt und heimlich ins Wohnzimmer (Ring- und Kleinfinger) möchte, wo er dann Fernsehen guckt (meinen Ehering stelle ich als Fernseher vor). In Runde 2 haben die Eltern dann gemerkt, dass Franz heimlich Fernsehen geschaut hat. Daraufhin schließen Sie das Wohnzimmer (der Raum zwischen Ring- und Kleinfinger), den Flur (Zwischenraum Ring- und Mittelfinger) und sogar noch das Zimmer vom Franz (Zwischenraum Zeige- und Mittelfinger) ab um zu verhindern, dass Franz sich nochmal heimlich zum Fernseher zaubert. Natürlich gelingt es Franz wieder, sich heimlich ins Wohnzimmer zu zaubern.
Die Geschichte überzeugt mich, da die Kinder sich schnell mit Franz identifizieren können und richtig mitfiebern, ob er es schafft, am Ende sogar drei Hindernisse zu überwinden – probieren Sie es gerne aus!

Persönliche Gedanken:
Dieser Zaubertrick ist das ideale Einstiegskunststück. Er ist einfach zu lernen und stellt trotzdem sowohl Ansprüche an die Feinmotorik als auch an die Präsentation. Oft kommen die Kinder schnell auf eigene spannende Geschichten, die noch besser sind als die Geschichte, die ich gerade vorgestellt habe.

Die beschmierten Hefte

Effekt:
Der kleine Bruder hat die Hausaufgaben zerstört, indem er alle Seiten vollgeschmiert hat! Nach einem kurzen Zauberspruch ist das Heft jedoch wieder hergestellt und wie neu.

Material:
Sie benötigen ein altes (aber stabiles) Schulheft, eine Zeitschrift oder sogar ein aussortiertes Buch. Das Heft sollte nicht größer als DIN A4, aber auch nicht kleiner als DIN A5 sein. Die Anzahl der Seiten sollte nicht unter 32 liegen, aber das Heft darf auch nicht zu dick sein.

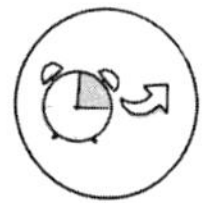

Vorbereitung:
Halten Sie das Heft in der Hand und schneiden Sie von jedem zweiten Blatt eine kleine Ecke rechts unten ab. Sie verfahren also wie folgt: Seite 1 (und die Rückseite, Seite 2) bleiben unbeschädigt, Seite 3 (und Rückseite, also Seite 4) werden beschnitten usw. Als Nächstes bemalen Sie die Rückseite einer nicht beschnittenen Seite und die Vorderseite einer beschnittenen Seite mit einem Filz- oder Buntstift. Es kann auch Wasserfarbe sein, es ist jedoch wichtig, dass die Farbe nicht auf der anderen Seite durchscheint! Dies muss unbedingt vorher getestet werden!
In unserem Beispiel würden Sie also Seite 2 und 3 anmalen, dann wieder Seite 6 und 7 usw. Es ist schwer zu beschreiben, aber in der Durchführung ganz einfach!

Durchführung:
Nehmen Sie das Heft in die Hand. Blättern Sie die Seiten am unteren rechten Rand vor und zurück. Sie werden feststellen: Wenn Sie von vorne nach hinten blättern, sieht man nur die beschmierten Seiten, während man, wenn Sie von hinten nach vorne blättern, die sauberen Seiten sieht.

Ideen für die Präsentation:
Jeder kennt die Situation: Der Hund hat die Hausaufgaben aufgegessen. Das Matheheft ist in die Badewanne gefallen oder das Geschwisterkind hat alles kaputt gemacht. Warum daraus nicht eine Geschichte für ein Zauberkunststück machen? Ich erzähle daher die Geschichte des kleinen Bruders, der die Hausaufgaben zerstört hat und wie schön es wäre, diese wiederherzustellen.
Es kann aber auch noch in andere Richtungen gedacht werden.

Ein Matheheft mit lauter leeren Aufgaben und – Hokus Pokus – sind alle Aufgaben fertig ausgerechnet. Die Grundidee hinter diesem Effekt – etwas ist zerstört und muss wiederhergestellt werden – eignet sich für unendlich viele Präsentationsideen.

Persönliche Gedanken:
Ich liebe dieses Kunststück, wie (ehrlich gesagt) jedes Kunststück in diesem Heft, weil es so viel Raum für eigene Ideen und Gestaltungsmöglichkeiten bietet. Es benötigt eine gute und genaue Vorbereitung, ist jedoch in der anschließenden Umsetzung schnell und leicht zu präsentieren. In meinem Kinderprogramm führe ich es auch als sogenannten „Händlertrick" vor – darunter versteht man Kunststücke, die fertig bei Zauberhändlern gekauft werden können. Hier dürfen die Kinder mitzaubern und mein Buch wieder herstellen.

In der Welt der Zahlen: Rechenkünstler und Mathemagie

Lassen Sie sich von der Überschrift nicht abschrecken: Kunststücke mit mathematischem Bezug haben eine äußerst starke Wirkung auf das Publikum und sind nicht zwingend kompliziert. Ich selbst war nie ein guter Schüler in Mathematik, und mein Interesse an der Mathematik wurde erst im Laufe des Studiums durch die mathematische Zauberei wieder geweckt. Mit mathematischen Zauberkunststücken ist es möglich, Kinder für Mathematik zu begeistern. Sie lernen, Vermutungen anzustellen und zu begründen, müssen argumentieren, Hypothesen aufstellen und diese prüfen. Nebenbei werden noch ganz selbstverständlich die üblichen Rechenoperationen und das Kopfrechnen geübt. Im Vordergrund sollte dennoch die Magie stehen!

Der Blitzrechner

Effekt:
Der Zauberer ist in der Lage, eine Rechenaufgabe deutlich schneller als der Zuschauer auszurechnen. Unter Umständen kann er sogar gegen einen Zuschauer mit Taschenrechner antreten und liegt trotzdem vorne.

Material:
Vorlagen „Zahlenkarten“ und „Würfel“ (S. 43/44), jeweils 6 Tonkarton-Karten (Karteikartengröße) in Rot, Gelb, Grün, Schwarz und Blau

Vorbereitung: Mit Hilfe der Vorlage „Zahlenkarten“ werden die Karten beschriftet.

Durchführung:
Im Beispiel verwenden wir die Version mit den Zahlenkarten, analog kann dies auf die Würfel übertragen werden. Der Zauberer lässt von jeder Farbe eine Zahlenkarte wählen. Dann soll ein Zuschauer die Zahlen untereinanderschreiben und dabei laut vorlesen. Als Beispiel nenne ich: 954 + 840 + 663 + 872 + 384. Addiert ergibt dies 3.713. Während der Zuschauer die Zahlen aufschreibt und laut vorliest, rechnet der Zauberer heimlich im Kopf die Einerstellen zusammen, also:
4 + 0 + 3 + 2 + 4 = 13. Das Ergebnis sind die letzten beiden Stellen der Additionsaufgabe. Die ersten beiden Stellen (Tausender- und Hunderterstelle) erhält man, wenn man die Zahl 13 von 50 abzieht. Also: 50 – 13 = 37. So muss man bei jeder Aufgabe verfahren. Wichtig für eine gelungene Durchführung ist, dass der Zauberer die Addition reibungslos beherrscht und problemlos von der Zahl 50 subtrahieren kann.

Ideen für die Präsentation:
Sollten Sie das Kunststück lieber mit Würfeln vorführen und die Zahlen „erwürfeln" lassen, so kopieren Sie die Würfelvorlage 5x und beschriften diese mit den entsprechenden Zahlen der Zahlenkarten. Anschließend können die Würfel zusammengebaut werden. Das Kunststück Blitzrechner eignet sich auch hervorragend für Vorführungen vor großem Publikum. Es bietet auch Kindern, die sonst nicht für ihre mathematischen Fähigkeiten bekannt sind, die Möglichkeit, sich als Rechengenie zu präsentieren und das Publikum zu verblüffen. So würde ich es auch präsentieren. Nach dem Motto: Wir haben ein Rechengenie in unseren Reihen und dies möchte jetzt einmal gegen einen Erwachsenen antreten.

Persönliche Gedanken:
Der Blitzrechner ist ein richtig gelungenes und starkes Kunststück. Wenn ein Zuschauer auf der Bühne würfelt, kann man Zeit sparen und das Kunststück schnell vorführen. Ich persönlich bevorzuge aber die Variante mit den Karten, da dann auch viele Kinder beim Verteilen der Karten beteiligt werden können. So könnten zum Beispiel fünf Kinder mit je einer Kartenfarbe ins Publikum ausschwirren, die Karten verteilen und die Zahlen einsammeln. Wenn der Zuschauer, der vorne gegen das Kind antritt, erst mit dem Rechnen beginnen darf, nachdem alle Zahlen genannt werden, kann dafür sogar vom Zuschauer ein Taschenrechner benutzt werden. Geübte „Blitzrechner" werden das Ergebnis nennen können, bevor der Zuschauer die Zahlen fertig in den Taschenrechner getippt hat.
Das Kunststück muss unbedingt zweimal vorgeführt werden, sonst kommt beim Publikum leicht der Verdacht auf, dass immer das gleiche Ergebnis herauskommt. Ich habe in der Tat die Sorge, dass dies irgendwann einmal passiert, da zum Beispiel Werte wie 2624 relativ häufig vorkommen (zumindest ist dies bei mir der Fall). In über 250 Vorführungen habe ich es aber noch nicht erlebt, dass sich ein Ergebnis während der Vorführung wiederholt hat – und wenn doch: Dann muss es eben ein drittes Mal vorgeführt werden.

Geburtstagszauberei

Effekt:
Der Zauberer kann das Geburtsdatum eines Zuschauers herausfinden, ohne dass dies vorher genannt wurde.

Material:
Zum Üben kann das Arbeitsblatt (s. S. 45) verwendet werden.
Ein Taschenrechner oder ein Smartphone mit Taschenrechnerfunktion sind hilfreich für die Zuschauer.

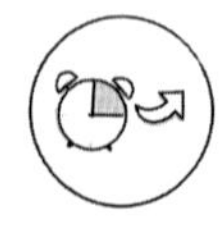

Vorbereitung: –

Durchführung:
Der Zauberer wählt einen Zuschauer aus dem Publikum aus, der bereit ist, sein Geburtsdatum preiszugeben. Der Zuschauer erhält für einige einfache Rechenoperationen einen Taschenrechner. Zuerst muss die Person das Tagesdatum ihres Geburtstags verdoppeln und anschließend 5 addieren. Das Ergebnis wird mit 50 multipliziert und dazu der Geburtsmonat addiert. Dieses Ergebnis muss laut genannt oder aufgeschrieben werden. Der Zauberer zieht davon im Kopf 250 ab und erhält das Geburtsdatum.

Beispiel:
Die Zuschauerin hat am 16.08. Geburtstag.

Sie rechnet: 16 x 2 = 32 + 5 = 37
37 x 50 = 1850 1850 + 8 = 1858

Der Zauberer rechnet: 1858 – 250 = 1608 (16.08)

Ideen für die Präsentation:
Auf großer Bühne kann die ausgewählte Person aus dem Publikum noch ihren Personalausweis in einen Umschlag stecken, der dann versiegelt und von zwei Helfern bewacht wird. Nennt der Zauberer das Ergebnis, darf die Zuschauerin nicht antworten, sondern der Umschlag wird geöffnet und das Geburtsdatum vorgelesen.

Persönliche Gedanken:
Ich liebe dieses Kunststück, weil der Geburtstag für jeden Menschen ein „magischer Tag" ist und es schön ist, wenn dieser in die Zauberei mit einbezogen werden kann. Einmal gelernt, kann er ein Leben lang spontan und aus dem Stehgreif angewendet werden. Wenn man zum Beispiel auf einer Gartenparty erzählt, dass man Zauberer ist und jemand sagt „Dann zeig doch mal einen Trick", kann man ihn spontan und ohne Hilfsmittel anwenden.
Die Kinder sind beim Einstudieren mit viel Elan dabei und merken gar nicht, wie viele anstrengende Rechenoperationen nötig sind. In der Literatur finden sich auch Versionen, bei denen man sogar noch das Geburtsjahr mit herausfinden kann. Der Trick wird dadurch aber deutlich komplizierter und m. E. der Effekt nicht stärker. Selten werde ich darauf angesprochen, im Sinne von „Jetzt müssen Sie aber auch noch das Jahr nennen."
Ich verweise dann darauf, dass man das Jahr aus Höflichkeitsgründen niemals nennen darf – mit dem richtigen Augenzwinkern gesagt, nimmt einem dies auch keiner übel.

Wunderwürfel

Effekt:
Ein Zuschauer würfelt mit drei verschiedenfarbigen Würfeln (z. B. Blau, Grün, Rot) ohne, dass der Zauberer zuschauen darf. Anschließend kann der Zauberer dennoch die exakt gewürfelten Zahlen vorhersagen.

Material:
drei verschiedenfarbige Würfel (Zum Üben kann die Vorlage „Übungsblatt Wunderwürfel“ (S. 44) verwendet werden.)

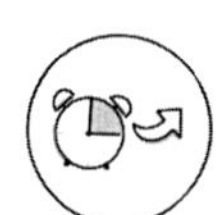

Vorbereitung:
Drei Würfel, Blatt und Stift für die Rechenoperationen bereitlegen.

Durchführung:
Der Zuschauer soll mit allen drei Würfeln gleichzeitig würfeln. Anschließend verfährt er wie folgt: Die Zahl des blauen Würfels wird verdoppelt und dazu wird 5 addiert. Das Ergebnis wird mit 5 multipliziert und die Augenzahl des grünen Würfels dazu addiert. Zum Ergebnis wird 10 addiert und dieses Ergebnis wiederum mit 10 multipliziert. Schließlich addiert man noch die Augenzahl des roten Würfels. Der Zuschauer nennt nun das Ergebnis. Hiervon subtrahiert der Zauberer 350 im Kopf und erhält eine dreistellige Zahl, deren Ziffern die Augenzahlen der Würfel in Blau, Grün und Rot in dieser Reihenfolge ergeben.

Beispiel:
Der Zuschauer hat mit dem blauen Würfel eine 6, mit dem grünen Würfel eine 3 und mit dem roten Würfel eine 2 gewürfelt, dann ergibt sich folgende Rechnung:
6 x 2 = 12 + 5 = 17 x 5 = 85 + 3 = 88 + 10 = 98 x 10 = 980 + 2 = 982
Der Zauberer rechnet 982 – 350 und erhält 632.
Allgemein ausgedrückt: Y1 x 2 + 5 x 5 + Y2 + 10 x 10 + Y3 = Z – 350 = Y1Y2Y3 (Y steht für den jeweiligen Würfel).

Ideen für die Präsentation:
Hier sind viele Varianten möglich. Man kann sich als Hellseher präsentieren oder eine Casinogeschichte wählen, wo es praktisch ist, wenn man bereits weiß, was der Croupier gewürfelt hat. (Hier muss man die Geschichte / Szene natürlich geschickt ausschmücken, weil ja normalerweise Würfel offen und für alle sichtbar fallen.) Es gibt aber auch zahlreiche Zitate zum Thema Würfel, die man in seine Präsentation einbauen kann, zum Beispiel *„Fürstengunst, Aprilwetter, Frauenlieb und Rosenblätter, Würfelspiel und Kartenglück wechseln jeden Augenblick“* oder der bekannte Satz: *„Aleae iactae sunt – Die Würfel sind gefallen.“*

Persönliche Gedanken:
Zunächst: Sollten keine farbigen Würfel zur Verfügung stehen, kann der Zuschauer auch mit einem Würfel dreimal würfeln. Er muss sich die Zahlen in der richtigen Reihenfolge gut merken.
Zur Arbeit im Unterricht: Sie könnten zahlreiche Zitate zum Thema Würfel im Internet heraussuchen und diese anschließend auf Karten schreiben. Die Kinder suchen sich ein passendes Zitat aus und beginnen mit diesem Zitat ihre Präsentation.

Beispiel: Nachdem ein Zuschauer gewürfelt hat, spricht der Zauberer: „*Der Teufel schuf das Würfelspiel*. Mit Hilfe eines Feenzauberers ist es gelungen, dem Schicksal ein Schnippchen zu schlagen. Doch wichtig zu wissen ist, ob unser Zuschauer rechnen kann. Bist du bereit? Dann verdopple das Ergebnis des ersten Würfels …"
Ich denke, das Prinzip dahinter ist klar. So kommen viele schöne und unterschiedliche Präsentationen zustande.

Die Rest-3-Aufgabe

Effekt:
Ein Zuschauer denkt sich eine Zahl und erhält nach einer kurzen Rechenoperation immer 3 als Ergebnis.

Material:
Zum Üben kann die Vorlage „Die Rest-3-Aufgabe" (s. S. 46) verwendet werden.

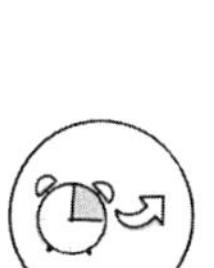

Vorbereitung: –

Durchführung:
Der Zuschauer denkt sich eine beliebige Zahl, verdoppelt diese und zählt 6 hinzu. Anschließend halbiert er die Zahl und zieht seine gedachte Zahl ab. Als Ergebnis erhält er immer 3.
Beispiel: 8 x 2 = 16, 16 + 6 = 22, 22 : 2 = 11, 11 - 8 = 3
Der Zuschauer denkt an die 8.

Ideen für die Präsentation:
Man kann das Ganze mit einer Vorhersage kombinieren (Ich weiß, welche Zahl du errechnen wirst …) und einen verschlossenen Umschlag spektakulär im Klassenraum oder auf der Bühne aufhängen. Oder aber man nutzt das Zauberstück einfach als kleines Zwischenspiel, um „die grauen Zellen" etwas zu trainieren und zu prüfen, ob die hellseherischen Fähigkeiten noch funktionieren.

Persönliche Gedanken:
Das Kunststück ist sicher keines, das die Zuschauer „von ihren Plätzen reißt", für minutenlangen Applaus und „Zugabe, Zugabe"-Rufe sorgen wird – und dennoch: Bei richtiger Vorführung oder als Zwischenspiel ist es ein gelungener Effekt, der Spaß macht und weder Vorbereitung noch Material benötigt.

Kurze Intermezzi:

Kein großer Effekt, dennoch fasziniert der Klassiker „Finde die Dame“ immer wieder, da er das logische Denken der Zuschauer herausfordert und verblüffend ist.

Finde die Dame

Effekt:
Sie präsentieren dem Publikum fünf aneinandergeklebte Spielkarten (s. Abb.) und wetten mit einem Zuschauer, dass es ihm nicht gelingt, die mittlere Dame zu treffen. Obwohl die Karten aneinandergeklebt sind, ist es für den Zuschauer nach dem Umdrehen der Karten und einem kurzen „Mischen“ nicht möglich, die Dame zu treffen.

Material:
pro Set fünf (alte) Spielkarten, Klebstoff, eine Büro- oder Wäscheklammer

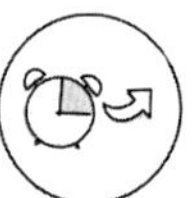

Vorbereitung:
Zunächst werden fünf Karten ausgeteilt. Ich empfehle immer, vier gleichfarbige Bildseiten und eine besondere Karte zu wählen. Dies kann die Dame, ein Joker, die Glückszahl oder eine Bildkarte nach Wahl sein. Die Rückseite der Karten sollte bei allen gleich sein. Nun müssen die Karten in einer Reihe aneinandergeklebt werden, die besondere Karte sollte nachher an der dritten Stelle sein. Ich beginne mit einer Karte und klebe ca. einen Daumen breit daneben die nächste Karte daran fest. Dann folgt die besondere Karte (immer daumenbreit) und schließlich die beiden anderen Karten. Die Abbildung zeigt, wie die finale Version aussieht.

Durchführung:
Präsentieren Sie die aneinandergeklebten Karten dem Publikum und lenken Sie das Augenmerk auf die besondere Karte mit der Bitte, sich die Position gut zu merken. Nun soll ein Zuschauer die besondere Karte (in meinem Fall die Dame) mit der Büroklammer markieren. Um es aber nicht ganz so einfach zu machen, drehen Sie die Karten noch mit der Rückseite zum Zuschauer und „mischen“ einmal. Hierbei drehen Sie die 5 Karten einmal um 360 Grad, was beim Publikum immer für Lacher sorgt. Nun darf der Zuschauer die Klammer hineinschieben – und er wird daneben liegen.

Ideen für die Präsentation:
Sie haben beim Hütchenspiel im Urlaub viel Geld verloren, dabei schien alles ganz einfach. Es war eigentlich kein richtiges Hütchenspiel, sondern eher ein Kartenspiel.
Oder: Sie sind ein Freund von einfachen Wetten.
Oder: Wissen Sie, was eine optische Täuschung ist?

Persönliche Gedanken:
Dieser Trick ist eigentlich kein Trick, weil es kein Trickgeheimnis gibt. Der Zuschauer täuscht sich selbst, weil die offene Seite der Dame von den anderen Karten verdeckt wird und die verdeckte Seite, in welche er in der Regel die Büroklammer steckt, von vorne durch die letzte aufgeklebte Karte gedeckt ist.

Ist noch Zauberluft da? Ein mikromagisches Zwischenspiel:

Die schwebende Büroklammer

Effekt:
Sie zerreißen ein Gummiband und stecken eine Büroklammer auf das Gummiband. Anschließend halten sie das Gummiband zwischen ihren Händen und ziehen die Hände ca. 20 cm auseinander. Während Sie kurz ins Publikum schauen, schwebt die Klammer auf magische Art und Weise das Gummiband hinauf.

Material:
Gummiband, Büroklammer

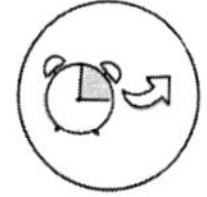

Vorbereitung: –

Durchführung:

1. Zerreißen Sie einen haushaltsüblichen Gummiring und fädeln eine Büroklammer auf.

2. Halten Sie Gummiband und Büroklammer zwischen den Händen mit Daumen und Zeigefinger fest und ziehen es auseinander, sodass die Gummischnur richtig straff gespannt ist. Dabei werden die Hände zur Faust geschlossen. Die linke Hand ist dabei deutlich höher als die rechte Hand (ca. 10–15 cm). **Wichtig:** In der rechten Hand halten Sie ca. ⅓ des Gummibandes versteckt. Die Büroklammer liegt unten an der rechten Hand an.

3. Wenn Sie nun Daumen und Zeigefinger der rechten Hand etwas lockerlassen, bewegt sich das Gummiband nach oben. Da die Büroklammer auf der gleichen Stelle bleibt, entsteht die Illusion, die Klammer würde das Band hinaufschweben.

Ideen für die Präsentation:
Etwas schweben oder fliegen lassen, gehört wohl zu den stärksten Effekten der Zauberkunst. Vereint es doch die Fähigkeiten, die viele Kinder (und auch Erwachsene) sich wünschen, wenn sie wirklich zaubern könnten.

Ich habe verschiedene Varianten der Präsentation: Zum einen erzähle ich, dass ich testen möchte, ob noch genug „Zauberluft“ im Raum ist. Dafür muss man das Gummiband mit der Büroklammer in einem exakten Winkel von 37 Grad zum Boden halten. Während ich dies versuche und dabei auf das Gummiband gucke, passiert erstmal nichts. In dem Moment, wo ich jedoch mit meinem Blick zu den Schülern wandere, lasse ich die Faust locker, sodass die Büroklammer beginnt nach oben zu schweben. Dabei sage ich zu den Schülern: „Heute will es irgendwie nicht klappen.“ Oft rufen die Schüler dann bereits: „Doch! Doch! Doch! Sie müssen auf das Gummiband gucken!“ Während ich der Aufforderung der Schüler nachkomme und den Blick wieder auf das Gummiband richte, lasse ich die Hände gleichzeitig locker nach unten fallen, und tue so, als hätte ich nichts mitbekommen. Die Schüler fordern dann eine Wiederholung ein, und ich kann den Gag beliebig oft wiederholen.

Eine weitere Präsentationsmöglichkeit wäre, von der schwebenden Jungfrau oder Ähnlichem zu erzählen und entsprechend die Büroklammer zu betiteln. Sollten Sie zufälligerweise mit einem Flohzirkus arbeiten, ist dieses Kunststück ebenfalls perfekt. Dann kommt vielleicht ihr Lieblingsfloh FLOHrian, den sie auf einem FLOHmarkt in FLOHrida gekauft haben, und trägt die Büroklammer mit ganzer Kraft das Band hoch.

Persönliche Gedanken:
Auch wenn es hier nur als Intermezzo zwischengeschaltet ist: Der Zaubertrick ist eines der stärksten Zauberstücke des ganzen Heftes und es lohnt sich, ihn zu lernen. Bereits mit geringem Abstand zum Publikum wird die Täuschung perfekt und das Geheimnis ist nicht mehr zu erkennen. Experimentieren sie gerne mit verschiedenen Gummibändern. Man kann zum Beispiel sogenannte „Gummibäume“ mit unterschiedlichen Größen kaufen. Ich selbst finde eine mittlere Größe perfekt. Übung macht hier – wie bei jedem Kunststück – den Meister. Da aber nur wenig Material benötigt wird, kann dies problemlos und jederzeit geübt werden. Alternativ zur Büroklammer können Sie auch einen zweiten Gummiring verwenden – oder einen (Ehe-)ring.

Paranormale Phänomene: Gedankenlesen und übersinnliche Kräfte

Als Mentalmagie wird eine Form der Zauberei bezeichnet, die sich auf das Vortäuschen übersinnlicher Fähigkeiten bezieht. Dazu gehören zum Beispiel das Lesen von Gedanken, Telepathie oder Vorhersagen über die Zukunft. Bekannt wurde diese Form der Zauberei in Deutschland durch Uri Geller. Will man vor oder mit Kindern als Mentalisten auftreten, so sollte man dies sehr behutsam machen. In der Regel ist die Mentalmagie eher etwas für ältere Vorführende und nicht zwingend für die klassische Schulvorführung geeignet. Die hier ausgewählten Zaubertricks sind aber sehr gut, um auch mit und für Kinder einen Ausflug in die Welt der außergewöhnlichen Phänomene zu unternehmen. Bei der Präsentation empfehle ich, zwingend auf eine ansprechende und unterhaltsame Weise zu achten, gerne mit einem „Augenzwinkern“. Wenn dies der Fall ist, dann wird Ihnen und Ihren Schülern bei diesen Kunststücken der Applaus sicher sein.

Der Zahlenhellseher

Effekt:
Ein Zuschauer soll sich eine Zahl zwischen 1 und 63 denken. Der Zauberer bittet den Zuschauer, sich auf die Zahl zu konzentrieren. Dazu erhält der Zuschauer 6 Karten. Der Zuschauer soll dem Magier mitteilen, auf welchen Karten sich die gedachte Zahl befindet. Anschließend nennt der Zauberer die gedachte Zahl des Zuschauers.

Material:
6 Zahlenkarten (s. Kopiervorlage S. 47)

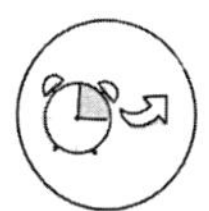

Vorbereitung:
Kopieren Sie die Zahlenkarten und schneiden diese aus. Zur besseren Haltbarkeit können Sie die Karten laminieren.

Durchführung:

1. Der Zuschauer soll sich eine Zahl zwischen 1 und 63 denken und diese auf einem Zettel notieren. Den Zettel darf er gerne auch anderen Zuschauern zeigen, während Sie sich wegdrehen. (Netter Gag: „Ich brauche die Zahl nicht zu sehen, ich kenne den Trick ja schon!“)

2. Anschließend drehen Sie sich um und zeigen dem Zuschauer eine Zahlenkarte nach der anderen. Sie weisen darauf hin, dass nicht jede Zahl auf jeder Karte vorkommt, die Zahlen aber in aufsteigender Reihenfolge abgebildet sind. Dadurch verhindern Sie, dass ein Zuschauer versehentlich seine Zahl übersieht. Um dies zu vermeiden, kann auch gerne noch ein zweiter Zuschauer mit auf die Karten gucken. Der Zuschauer nennt die Karten, auf denen seine Zahl zu sehen ist.

3. Nachdem alle 6 Karten gezeigt wurden, addieren Sie im Kopf die Zahlen links oben auf den Karten, auf denen die Zahl des Zuschauers zu sehen war. Das Ergebnis der Additionsaufgabe ist die vom Zuschauer gedachte Zahl. **Beispiel:** Der Zuschauer denkt an die Zahl 35. Die 35 findet sich auf den Zahlenkarten, die links oben in der Ecke folgende Zahlen haben: 1,2 und 32. Der Zauberer muss also 1 + 2 + 32 addieren = 35) und weiß daher die gedachte Zahl des Zuschauers.

Ideen für die Präsentation:
Dieses Kunststück eignet sich hervorragend, um es als Gedankenlesen zu präsentieren. Ich halte dies für eine gute Idee, da so kein Bezug zur (eigentlichen) mathematischen Leistung hergestellt werden kann. Man kann aber auch die gedachte Zahl als Glückszahl präsentieren und die Zahlenkarten als Lotterielose. Der Zuschauer soll nun prüfen, auf welchen Losen seine Zahl zu sehen ist.
Als Begründung, warum der Zuschauer auf die Karten gucken muss und Sie nicht einfach direkt die Zahl sagen, führe ich immer aus: „Es ist wichtig, dass Sie sich ganz auf die Zahl konzentrieren und nicht aus Gemeinheit vielleicht an eine andere Zahl denken, daher diese kleine Aufgabe, weil Sie dabei automatisch an Ihre Zahl denken müssen!“

Persönliche Gedanken:
Lange stand ich dem Kunststück skeptisch gegenüber. Als ich aber einmal in Blackpool beim größten Magierkongress der Welt erleben durfte, wie ein Zauberer auf der Grundlage dieses Kunststückes einen ganzen Saal mit über 300 Magiern verblüfft hat, wusste ich, dass es sich lohnt, dem Trick noch einmal eine Chance zu geben, und ich führe diesen regelmäßig vor. Mit Kindern trainiere ich das Kunststück ab der zweiten Klasse, wenn der Zahlenraum bis 100 eingeführt wurde. Die Kinder dürfen die Karten beim Vorführen in die Hand nehmen und gucken, „wo sich der Blick des Zuschauers in die Karte eingebrannt hat“, und bekommen so etwas mehr Zeit, unauffällig im Kopf die gedachte Zahl zu errechnen.
Eine besonders schöne Variante ist es, wenn die Zahlenkarte in der Reihenfolge 1, 2, 4, 8, 16, 32 (die Zahlen links oben) auf einem Tisch vor dem Zuschauer liegen. Dieser soll dann eine Karte nach der anderen in die Hand nehmen. Die Karten, auf denen seine Zahl abgebildet ist, gibt er dem Zuschauer links neben sich. Ist die Zahl nicht auf der Karte, schmeißt der Zuschauer diese hinter sich. Der Zauberer steht derweil mindestens 3 Meter entfernt und rechnet im Kopf mit. Anschließend kann er die gedachte Zahl präsentieren, ohne auch nur im Entferntesten in der Nähe der Karten gewesen zu sein. Diese Art der Vorführung hat bis jetzt noch jeden verblüfft zurückgelassen.

Der magische Kronkorken

Effekt:
Der Zauberer behauptet, dass sein Kronkorken über magische Fähigkeiten verfügt und dieser auch aus einer geschlossenen Hand heraus dem Besitzer (in diesem Fall dem Zauberer) geheime, nicht wahrnehmbare Signale sendet, damit er jederzeit gefunden werden kann.

Material:
4 gleiche und 1 andersfarbigen Kronkorken, 1 Stoffbeutel

Vorbereitung: –

Durchführung:

1. Erklären Sie Ihrem Publikum, dass Sie einen besonderen Kronkorken haben (dieser hebt sich farblich von den anderen deutlich ab). Bei mir ist es ein Kronkorken mit einem roten Dreieck, dem ich magische Kräfte zuordne.
   Den beschriebenen Kronkorken legen Sie nun zusammen mit den vier anderen Kronkorken in einen Stoffbeutel. In Wirklichkeit geben Sie jedoch nur die vier herkömmlichen Kronkorken in den Beutel und behalten den besonderen Kronkorken heimlich in der Hand zurück.

2. Nun fordern Sie fünf freiwillige Helfer auf, nacheinander in den Beutel zu greifen und schnell und ohne nachzudenken den erstbesten Kronkorken zu nehmen und in der geschlossenen Faust zu halten.
   Wichtig: Die fünf Helfer sollen sich in einer Reihe aufstellen. Wenn Sie die Zuschauer ziehen lassen, gehen Sie aber nicht der Reihenfolge nach vor, sondern kreuz und quer. So verhindern Sie, dass nachher auffällt, dass der Zuschauer, der als Letzter gezogen hat, den besonderen Korken greift. Nachdem vier Zuschauer einen Kronkorken gezogen haben, lassen Sie den letzten Kronkorken unbemerkt in den Beutel fallen. So wissen Sie, wer diesen gezogen hat. Die Helfer sollen sich den Kronkorken selbst nicht anschauen. („Damit sie mir nicht nachher mit ihrer Mimik verraten, welchen Korken sie in der Hand haben.“)

3. Jetzt fühlen Sie langsam an den Händen der Zuschauer, wo Sie entsprechende Signale empfangen und schicken einen Helfer nach dem anderen zurück an seinen Platz. Wenn nur noch zwei übrig sind, können Sie die Spannung auf die Spitze treiben und Unsicherheit vortäuschen. Schließlich präsentieren Sie den Zuschauer mit dem besonderen Kronkorken.

Ideen für die Präsentation:
Ich persönlich präsentiere den besonderen Kronkorken als einen magischen Korken aus dem Himalaja. Man kann aber zum Beispiel auch vier Kronkorken von Sprudelflaschen und einen besonderen zum Beispiel von einer Limonadensorte nehmen und mit den Eigenschaften des Getränkes spielen. Theoretisch könnte man hier sogar den Kronkorken einer Biermarke nehmen, wobei ich dies im schulischen Kontext eher als unpassend empfinde.
Eine etwas „gemeine" Variante, die aber bei einer Vorführung der Schüler für ihre Eltern lustig sein kann: Der Zauberer behauptet, der besondere Korken verleihe magische musikalische Fähigkeiten. Er bittet die Helfer, ein bekanntes Kinderlied/ einen Schlager oder Ähnliches zu singen. Der Zauberer erkennt dann an der Stimme, wer den Kronkorken hat.

Achtung: Ich bevorzuge den freundlichen und höflichen Umgang mit Zuschauern, daher kann man dies nur tun, wenn die Situation und das gegenseitige Vertrauen es hergeben. Manchmal reicht auch schon die bloße Ankündigung mit der Auflösung, das sei doch nicht nötig, um einen schönen Lacher zu erzeugen.

Persönliche Gedanken:
Bei diesem Kunststück passiert es immer wieder, dass der vorletzte Zuschauer merkt, dass nur noch ein Kronkorken im Beutel ist und er daher oft die Lösung entdeckt. Dies versuche ich zu vermeiden, indem ich

a) die Helfer unter Druck setze („Ziehen Sie schnellstmöglich den erstbesten Kronkorken!"),
b) einen verwinkelten größeren Beutel benutze und
c) große Eile vortäusche. („Damit das Publikum nicht so lange warten muss, bitte beeilen Sie sich etwas!") So hat der Zuschauer dann gar nicht mehr die Zeit, den Beutel zu „durchwühlen". Es lässt sich dennoch nicht immer verhindern. Seien Sie aber sicher: Wenn Sie wohlwollend und freundlich die Kunststücke präsentieren, wird der vorletzte Zuschauer – sollte er es bemerken – dies nicht verraten und sich heimlich darüber freuen, dass er etwas mehr weiß als der Rest des Publikums.

Farbenhellsehen

Effekt:
Der Zauberer bittet einen Zuschauer, ihm einen von 5 Filzstiften hinter seinem Rücken in die Hand zu legen. Die restlichen Stifte versteckt der Zuschauer hinter seinem Rücken. Anschließend kann der Zauberer – ohne auch nur einen Blick auf den Stift zu werfen – dem Publikum die korrekte Farbe nennen.

Material: 5 Filzstifte in unterschiedlichen Farben

Vorbereitung: –

Durchführung:

1. Bitten Sie einen Zuschauer auf die Bühne und geben diesem die fünf Filzstifte in die Hand. Er soll sich einen Filzstift aussuchen und hinter Ihrem Rücken in Ihre geöffnete Hand legen. Die restlichen Filzstifte versteckt der Zuschauer hinter seinem Rücken oder steckt diese in die Tasche. Hierbei drehen Sie dem Zuschauer den Rücken zu.

2. Anschließend drehen Sie sich zum Zuschauer und halten den Stift hinter Ihrer Hand.
   Wichtig: Weder der Zuschauer noch das Publikum soll dabei hinter ihren Rücken schauen können. Nun führen Sie die geheime Handlung durch: Sie nehmen hinter Ihrem Rücken den Deckel des Stiftes ab und malen unauffällig einen kleinen Strich oder Ähnliches auf ihren Daumennagel. Damit das Öffnen des Stiftes nicht gehört wird, empfiehlt es sich, unterdessen zu sprechen oder das Publikum zum Beispiel um einen Applaus für den Helfer zu bitten.

3. Der Stift bleibt hinter Ihrem Rücken, aber Sie kommen mit der (für die Zuschauer nicht sichtbar bemalten) Hand hinter dem Rücken hervor und legen diese auf die Stirn des Zuschauers. Scheinbar möchten Sie erraten, an welche Farbe ihr Zuschauer denkt, und das geht am besten per „Handauflegen". In Wirklichkeit schauen Sie dabei natürlich auf den Daumennagel und erkennen die richtige Farbe.
   Wichtig: Verwenden Sie bei den fünf Filzstiftfarben nur solche, die sich einwandfrei unterscheiden lassen, also zum Beispiel Rot, Blau, Grün, Braun und Gelb. Blau und Lila lassen sich unter Umständen schlecht unterscheiden, ebenso Rot und Orange.

4. Sie nennen die Farbe. Während Sie den verdienten Applaus entgegennehmen, schließen Sie den Stift wieder. Hierbei werden mögliche Geräusche beim Schließen wiederum durch den Applaus übertönt.

Ideen für die Präsentation:

Ich selbst erzähle bei dem Zaubertrick von meiner Jugend und dem großen Skandal, den es einmal bei der Sendung „Wetten, dass …?" gegeben hat, als ein Redakteur der Zeitschrift *Titanic* behauptete, er könne Buntstiftfarben am Geschmack erkennen. Viele Menschen meiner Generation können sich noch an die Sendung aus dem Jahr 1988 erinnern. Auch Schüler kennen zumindest noch „Wetten, dass …?" oder interessieren sich für die Geschichte. Ich sage dann, dass ich sogar noch einen Schritt weiter gehen kann und Farben hinter meinem Rücken erfühlen kann.

Eine andere Idee wäre, dass Farben immer gewisse Stimmungen bei Menschen auslösen und es kein Zufall ist, welche Farbe der Zuschauer dem Zauberer gegeben hat. Wenn man dann den Farben diverse Charaktereigenschaften zuschreibt oder frei erfindet, kann dies sehr lustig sein.

Persönliche Gedanken:
Ein einfacher Trick mit starker Wirkung, den man jederzeit vorführen kann. Recherchieren Sie einfach mal im Internet, welche Bedeutung die unterschiedlichen Farben haben, und Sie werden tolle Präsentationsideen daraus entwickeln können.

Auf zum großen Finale:

Das letzte Zauberkunststück ist der Zaubertrick, der dem Publikum in bleibender Erinnerung bleibt. Daher macht es Sinn, hier einen besonders starkes Kunststück zu wählen.
Die nächsten drei Zaubertricks gehören zu den eindrucksvollsten Kunststücken, die Kinder auf der Bühne vorführen können. „Das verschwundene Wasser" sorgt für Lacher und einen überraschenden Abschluss. Bei „Die riesengroße Blume" wird eine gewaltige Figur auf der Bühne erzeugt und „Die springende Uhr" gehört zum Repertoire vieler professioneller Zauberkünstler.

Das verschwundene Wasser

Effekt:
Der Zauberer und der Zuschauer balancieren jeweils einen Becher mit Wasser auf ihrem Kopf. Während der Zauberer heimlich sein Wasser austrinkt, verbleibt das Wasser des Zuschauers im Becher. Nun sollen beide ihre Becher umdrehen. Das Publikum amüsiert sich dabei köstlich, rechnet es doch mit einer nassen Überraschung für den Zuschauer. Als jedoch beide die Becher umdrehen, ist das Wasser des Zuschauers ebenfalls verschwunden – der Zuschauer scheint wirklich magische Kräfte zu haben.

Material:
2 Pappbecher, 4 Blatt Küchenpapier, Klebefilm

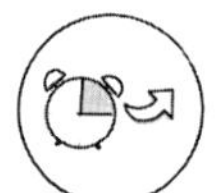

Vorbereitung:
Pressen Sie vier Blatt Küchenpapier locker zu einer Kugel zusammen. Anschließend kleben Sie etwas Klebefilm in einen der Becher und zwar so, dass ein Teil des Klebefilms am Becher klebt und der andere Teil „locker" in der Luft hängt. (Alternativ können Sie auch doppelseitiges Klebeband verwenden.) Stecken Sie nun die Küchenrolle in den Becher und drücken Sie diese gegen das Klebeband, wodurch das Papier sicher im Becher befestigt ist. Anschließend stecken Sie den präparierten Becher in den anderen Becher und sind für die Vorführung bereit.

3. Rollen Sie nun den Streifen an einer Schmalseite beginnend auf. Das Innere der Rolle sollte dabei mindestens 1 – 2 cm Durchmesser haben, sodass Sie anschließend noch gut hineingreifen bzw. hineinschneiden können. Wenn Sie Konfetti verwendet haben, so kleben Sie das untere Ende der Rolle zu, damit kein Konfetti herausfallen kann.

4. Schneiden Sie nun die Rolle viermal bis zur Mitte ein. Dies gelingt am einfachsten, wenn man die Rolle kurz platt zusammendrückt und entsprechend die vier Schnitte aus der Mitte der Rolle beginnt. Sie sind nun bereit für die Vorführung.

Durchführung:

1. Halten Sie die Rolle mit der eingeschnittenen Seite nach oben.

2. Ziehen Sie die Rolle von der Mitte aus auseinander – und zwar nach oben.

3. Es entsteht eine riesengroße Papierblume / Palme, die immer ein großes Staunen verursacht.

Ideen für die Präsentation:

Diese Nummer kann stumm zur Musik und als Gruppe mit ganz vielen Papierblumen vorgeführt werden oder mit entsprechendem Text. Wie wäre es zum Beispiel, wenn das Gebilde zu Anfang ein Zaubersamen ist, der nach einem kurzen Zauberspruch ganz schnell zu wachsen beginnt?

Persönliche Gedanken:

Dieses Kunststück hinterlässt einen unheimlich starken und visuellen Eindruck. Es bietet die Gelegenheit für fächerübergreifendes Arbeiten (Kunst: Gestalten der Blätter und der Blume / Mathematik: Um das wievielfache hat sich die Blume vergrößert etc. / Deutsch: Text entwerfen usw.). Außerdem kann es durch seine Größe auch vor großen Gruppen gezeigt werden und könnte zum Beispiel einzeln bei einer Schulfeier aufgeführt werden.

Die springende Uhr

Effekt:

In ein Seil werden drei Knoten geschlagen. Am rechten Knoten wird die Armbanduhr eines Zuschauers befestigt. Der Zauberer lässt die Uhr hinter seinem Rücken vom Knoten rechts auf den Knoten ganz links springen. Das Publikum bemerkt natürlich, dass das Seil hinter dem Rücken nur umgedreht wurde. Nachdem das Publikum den Wunsch geäußert hat, die Uhr in die Mitte springen zu lassen, erfüllt der Magier diesen Wunsch – und zwar sichtbar vor den Augen des Publikums.

Material:
ein stabiles, gut sichtbares Seil (Länge ca. 1 Meter; ich selbst verwende Zauberseil, 9 mm, hochweiß, erhältlich in gängigen Zauberfachgeschäften – s. Anhang), sowie eine Uhr, die man sich aus dem Publikum leiht

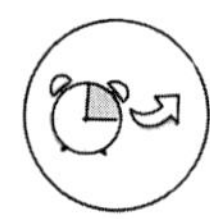

Vorbereitung:
Schlagen Sie unauffällig einen Knoten links in das Seil. Dieser Knoten bleibt durchgehend in der Hand verborgen.

Durchführung:

1. Der Zauberer betritt die Bühne und kündigt einen Trick mit einer Uhr an. Dafür bittet er jemanden aus dem Publikum, ihm seine Armbanduhr zu leihen. Das Seil hält er dabei zwischen den Händen, der geheime Knoten ist in der linken Hand versteckt.

2. Nachdem der Zauberer die Uhr erhalten hat, schließt er das Armband. Er fädelt die Uhr auf das Seil und macht im Abstand von ca. 15 cm (es kommt nicht so genau auf den Abstand an) einen Knoten um die Uhr. Diese ist nun fest auf dem Seil fixiert.

3. Nach ca. weiteren 20 cm macht der Zauberer erneut einen Knoten und nach nochmals 20 cm ebenfalls einen Knoten in das Seil. Für das Publikum sieht es so aus, als wären drei Knoten im Seil, wobei auf dem Knoten ganz links die Uhr ist. In Wirklichkeit sind jedoch vier Knoten im Seil.

4. Der Zauberer behauptet nun, er könne die Uhr hinter seinem Rücken auf den Knoten ganz rechts springen lassen. Dabei nimmt er einfach nur das Seil hinter den Rücken und dreht es um. Der „geheime" Knoten wird dabei von der linken Hand in die rechte Hand übergeben und bleibt dort weiter verborgen. Sie haben also wirklich nur hinter ihrem Rücken das Seil umgedreht.

5. Das Publikum fängt an zu protestieren und behauptet, das Seil wäre nur hinter dem Rücken gedreht worden (was ja auch stimmt …). Nun bietet der Zauberkünstler an, die Uhr zurückspringen zu lassen und dabei dürfe das Publikum sogar „hinter den Rücken gucken". Hierbei handelt es sich um einen Gag. Der Zauberkünstler dreht den Rücken zum Publikum und tauscht das Seil nun vor seinem Bauch wieder zurück, sodass das Publikum das Umdrehen wieder nicht sehen kann. Der geheime Knoten wandert nun also zurück in die linke Hand. Anschließend dreht sich der Zauberkünstler wieder zum Publikum.

6. In der Regel fordern nun erste Zuschauer den Zauberer auf, die Uhr einmal „in die Mitte" springen zu lassen.

7. Nach einigem Hin und Her willigt der Zauberkünstler ein, dies zu tun. Dafür muss Folgendes passieren: Der Zauberkünstler hält das Seil mit dem verdeckten Knoten in der linken Hand. Nun gibt er den Knoten ganz rechts

ebenfalls in die linke Hand. Damit dies für das Publikum logisch erscheint, kann er mit der rechten Hand gestikulieren oder Ähnliches machen. Anschließend lässt er den linken Knoten fallen und behält den rechten Knoten in der Hand zurück. Dadurch ist die Uhr nun – aus der Sicht des Zuschauers – in der Mitte gelandet. Probieren Sie die Beschreibung so einmal Schritt für Schritt aus. Sie werden sich selbst täuschen!

Ideen für die Präsentation:
Dieses Kunststück kann sowohl stumm zur Musik, als auch als Comedy-Nummer präsentiert werden. Ich habe dies in keine große „Geschichte" eingebunden. Ich zeige einfach ein Kunststück, welches „zur Zeit" passt, und muss mir dafür selbstverständlich eine Uhr leihen.
Nachdem ich die Uhr geliehen habe frage ich, ob mir „jemand noch ein Tuch und einen Hammer besorgen kann", was beim Besitzer der Uhr einen kurzen Schrecken und beim Publikum ein Lachen erzeugt. Da aber an meiner Mimik direkt erkennbar ist, dass es sich um einen Scherz handelt, kann auch der Zuschauer, der mir die Uhr geliehen hat, sofort mitschmunzeln. Es folgt noch der beschriebene Gag, dass die Zuschauer beim zweiten Sprung der Uhr hinter meinen Rücken schauen dürfen, bis es schließlich zur Auflösung kommt. Auch hier scherze ich noch einmal mit dem Publikum, wenn es den Sprung der Uhr in die Mitte fordert. Ich sage dann erst einmal: „Das ist mir eigentlich zu einfach! Die Uhr über zwei Knoten springen zu lassen, ist wesentlich schwieriger, als nur über einen Knoten." Natürlich protestiert das Publikum weiter und ich kann dann zur finalen Wanderung in die Mitte ansetzen.

Persönliche Gedanken:
Dieses Kunststück ist eines meiner ersten Zauberkunststücke überhaupt gewesen, beigebracht von einem Zauberkollegen. Es bietet hervorragende Unterhaltung und ist in zahlreichen Variationen bei Zauberhändlern zu kaufen. Mir gefällt aber nach wie vor diese klare und einfache Version am besten.
Sollte das Publikum von sich aus nicht den Sprung in den mittleren Knoten fordern, gibt es einen einfachen Trick, mit dem man sich vielleicht helfen kann: Entweder man behauptet einfach, jemand hätte „In die Mitte" gerufen und fragt: „Wer hat gerade gerufen, ich solle die Uhr in die Mitte springen lassen?".
Das fällt gerade bei größeren Gruppen gar nicht auf! Oder man erzählt alternativ von einem anderen Auftritt: „Ich war letzte Woche bei einem Kindergeburtstag, da riefen die Zuschauer „Lass das Seil doch mal in die Mitte springen" – und fährt dann mit dem Text fort.

Zu guter Letzt

17 Zaubertricks konnten Sie auf den vorherigen Seiten kennenlernen. 17 Zauberkunststücke, die Ihnen hoffentlich viel Freude und Ihren Schülern und Ihrem Publikum gute Unterhaltung liefern werden. Zum Abschluss möchte ich noch einige wenige Hinweise geben, die auch in meinen Fortbildungen immer wieder Thema sind: Der Umgang mit Störern und – eher seltener – die richtige Kleidung / die richtigen Kostüme.

Störenfriede:
Leider kommt es immer wieder vor, dass Menschen die Zaubervorführung stören, sei es im Publikum oder aber als Helfer auf der Bühne. Aus eigener Erfahrung weiß ich: Je länger man zaubert, desto mehr nehmen die Störungen ab und man gewinnt zunehmend eine gewisse Sicherheit im Umgang mit dem Publikum. Störungen aus dem Publikum kann man jedoch so gut es geht vorbeugen: Vielleicht möchte Ihre Klasse das Kunststück zunächst vor den Eltern der Klasse aufführen? Diese lassen sich gerne von den eigenen Kindern bezaubern, sind in der Regel wohlwollender und akzeptieren eher die „neuen" Zauberer. Bei Vorführungen vor anderen Klassen hilft es vielleicht, das Publikum vorab wohlwollend auf den Auftritt einzustimmen.

Um zu vermeiden, dass Helfer auf der Bühne stören (Das erlebe ich leider auch nach vielen Jahren immer mal wieder!) ist es hilfreich, sich bei der Auswahl des Kunststückes zu überlegen, wen man als Assistenten haben möchte: Der Klassenclown oder besonders kommunikationsbedürftige Menschen sind vielleicht nicht die ideale Besetzung. Ich selbst schaue bei meinen Auftritten, dass ich Menschen finde, die freundlich die Vorführung beobachten, ohne dabei ein übertriebenes Geltungsbedürfnis an den Tag zu legen. Wenn ich meinen Helfer dann auf die Bühne hole, behandle ich ihn freundlich und gebe ihm genaue und verständliche Anweisungen, was er tun muss. In 99,9 % der Fälle wird das gemeinsam vorgeführte Kunststück dann ein Erfolg für uns beide, wobei der anschließende Applaus immer dem Assistenten gehört.

Sollten Sie oder Ihre Schüler dennoch einmal in die Situation kommen, aus dem Publikum oder auf der Bühne gestört zu werden: Lassen Sie sich nicht provozieren! Manchmal kann ein lustiger, nicht verletzender Spruch helfen, wieder für die nötige Ruhe und Aufmerksamkeit zu sorgen, zum Beispiel:
„So, jetzt reichts. Nun wirst du endgültig aus meinem Testament gestrichen."
oder:
„Das war das letzte Mal, dass du Freikarten bekommen hast!"
Das sollte aber nur der letzte Ausweg sein und in der Regel hilft bereits eine freundliche und direkte Ansprache.

Kleidung / Kostüme:
Moderne Zauberkünstler treten in der Regel nicht mehr mit dem typischen Zylinder auf, sondern sind modern und schick angezogen. Schauen Sie sich dazu im Internet ein paar bekannte Zauberkünstler an. Sie werden hier einige Ideen entwickeln. Natürlich schadet es bei Vorführungen von Kindern nicht, wenn diese das klassische Bild eines Zauberkünstlers mit Frack und Zylinder präsentieren. Nur so viel: Es ist eben kein „Muss". Sehr wohl sollte der Zauberkünstler Wert auf ein gepflegtes Auftreten legen, allein schon aus Respekt vor dem Publikum. Jegliche besonders überlegte Kleidung kann dem Auftretenden helfen, die Rolle einzunehmen und verleiht ihm so Überzeugungskraft.

Ich wünsche Ihnen viel Erfolg!

Gut Trick!

Matthias Kürten

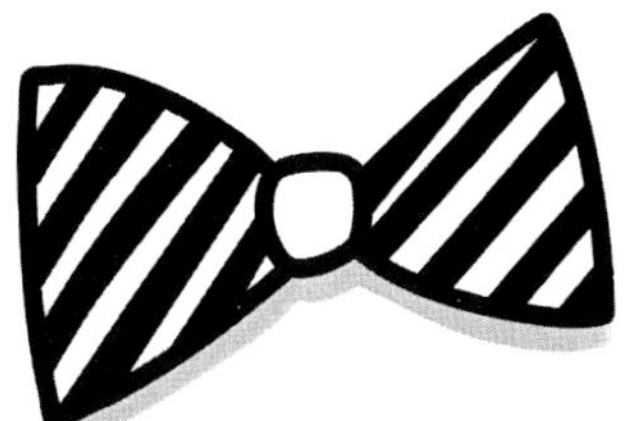

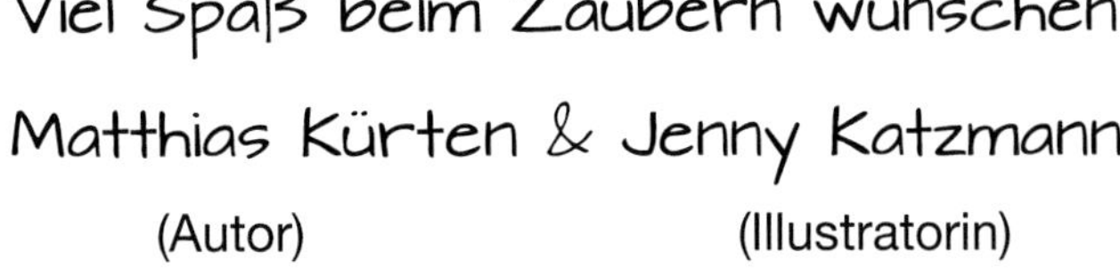

(Autor) (Illustratorin)

Kopiervorlage: Herr Blau und Frau Rot

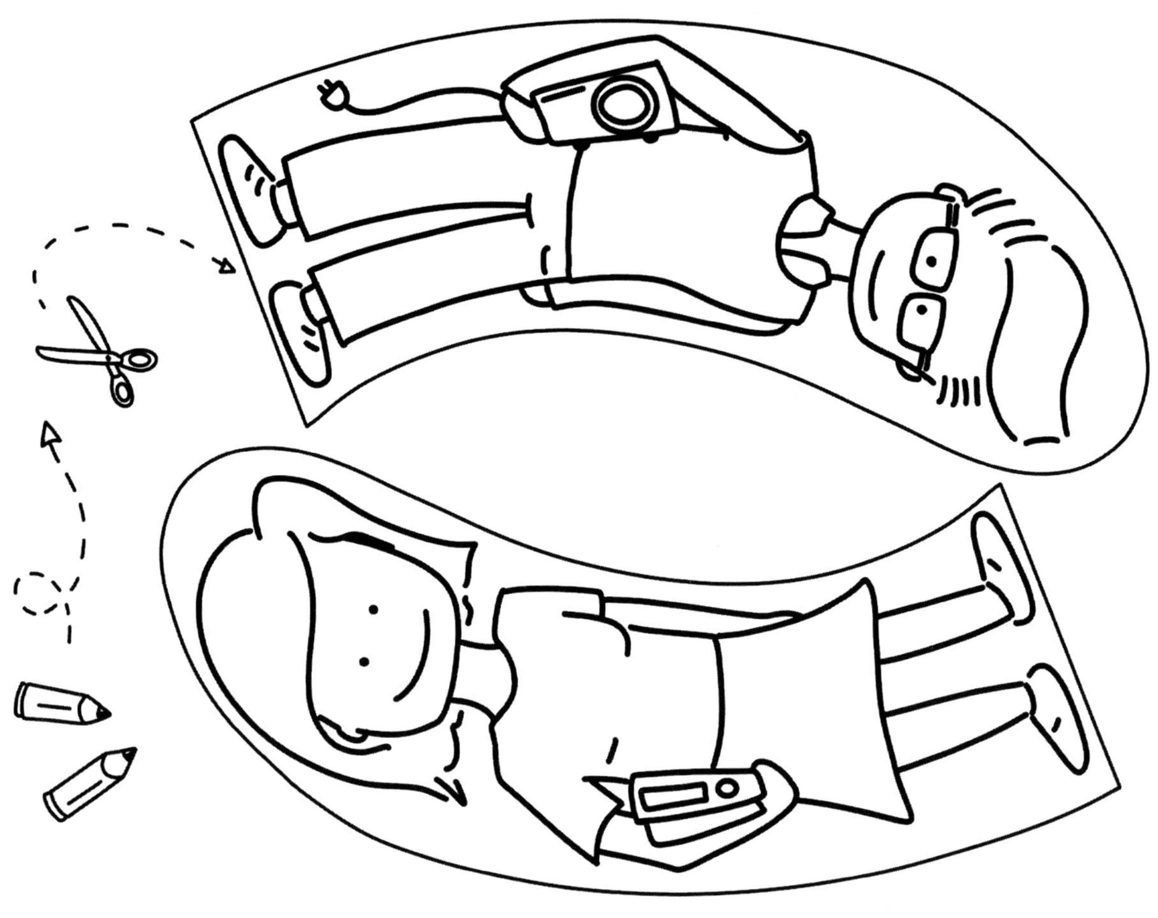

Kopiervorlage: Zauberer

BVK • Matthias Kürten: Zaubern in der Grundschule – Magische Zaubertricks für Groß und Klein

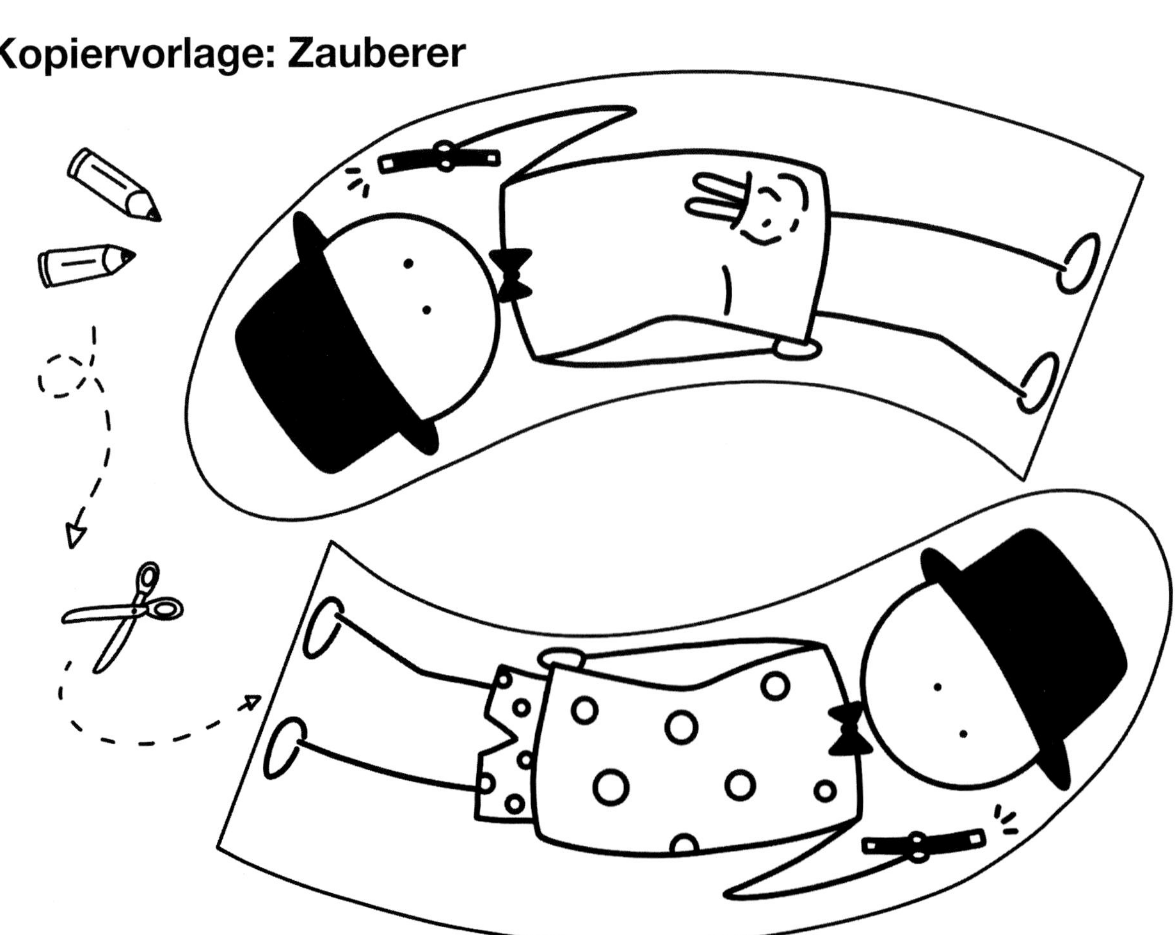

Kopiervorlage: Blanko

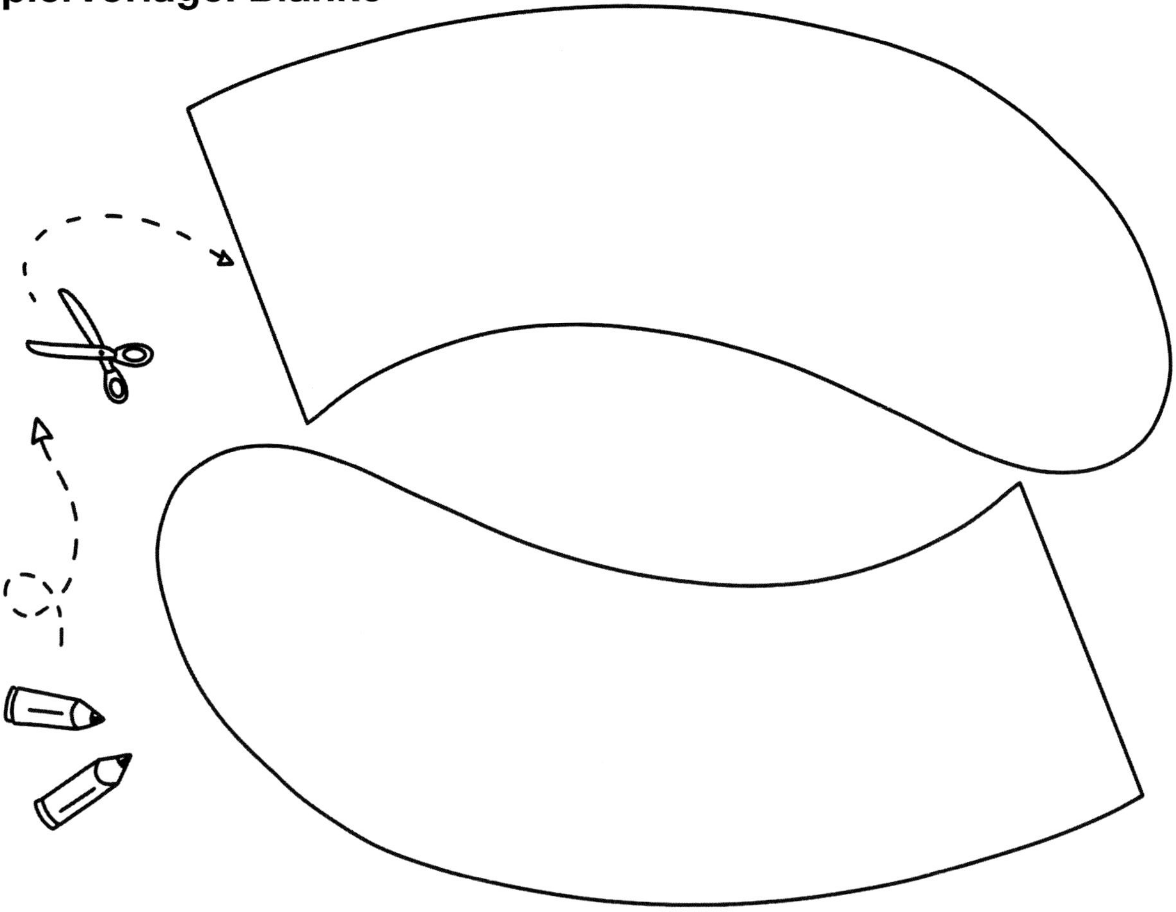

Kopiervorlage: Blitzrechner

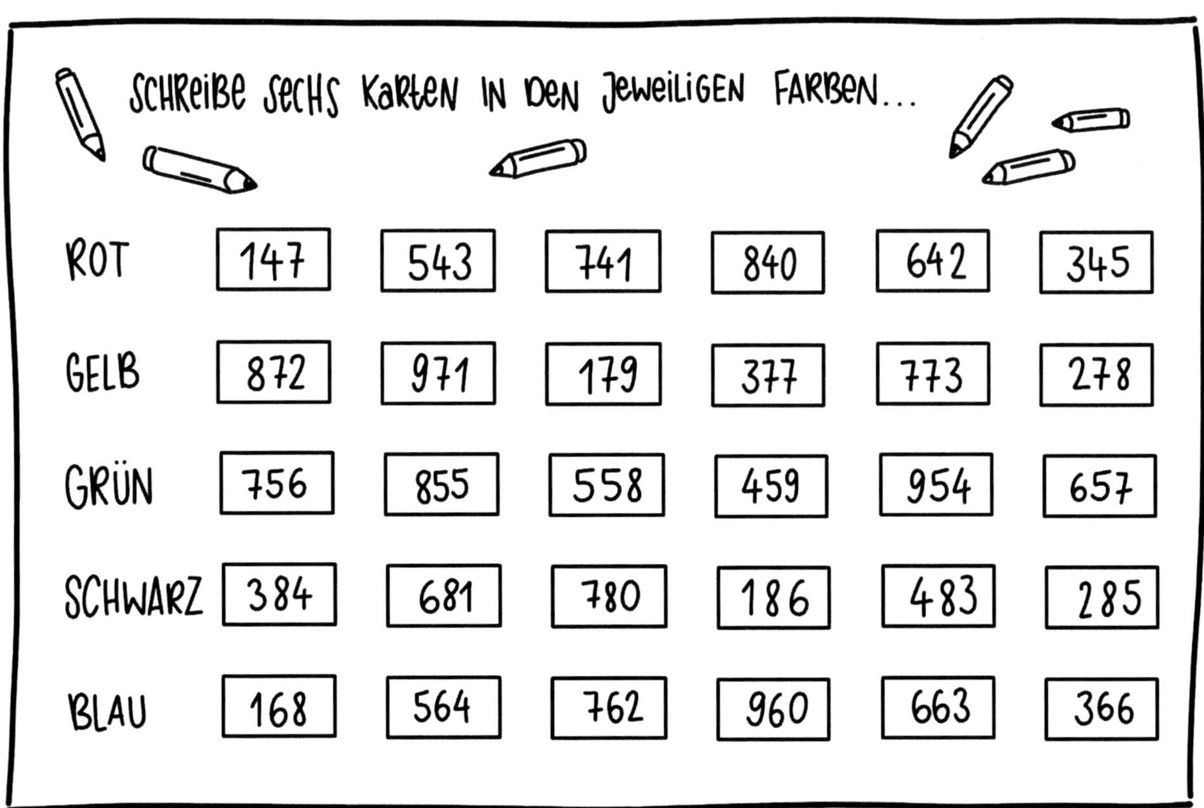

SCHREIBE SECHS KARTEN IN DEN JEWEILIGEN FARBEN...

ROT	147	543	741	840	642	345
GELB	872	971	179	377	773	278
GRÜN	756	855	558	459	954	657
SCHWARZ	384	681	780	186	483	285
BLAU	168	564	762	960	663	366

Kopiervorlage: Würfel

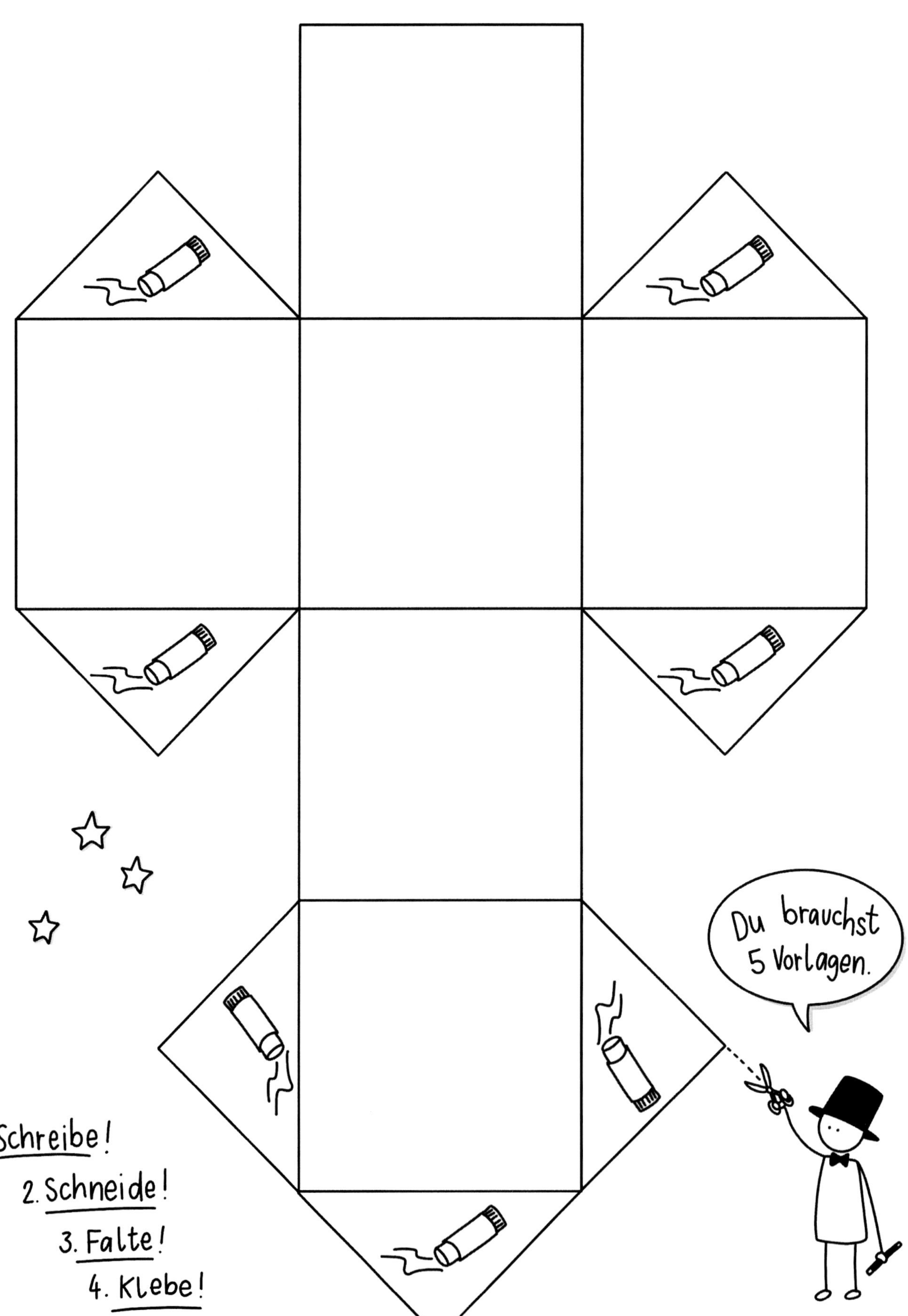

Kopiervorlage: Geburtstagszauberei

Tippe deinen Geburtstag

ein _ _ (TAG) · 2 = ____ + 5

= ______ · 50

= ______ + _ _ (MONAT)

= ______

sag mir das Ergebnis

ÜBUNG:

Geburtstags-Zauberei

______ (ZUSCHAUERZAHL) − 250

= ____ . ____

T H Z E

✂ ....

Kopiervorlage: Übungsblatt Wunderwürfel

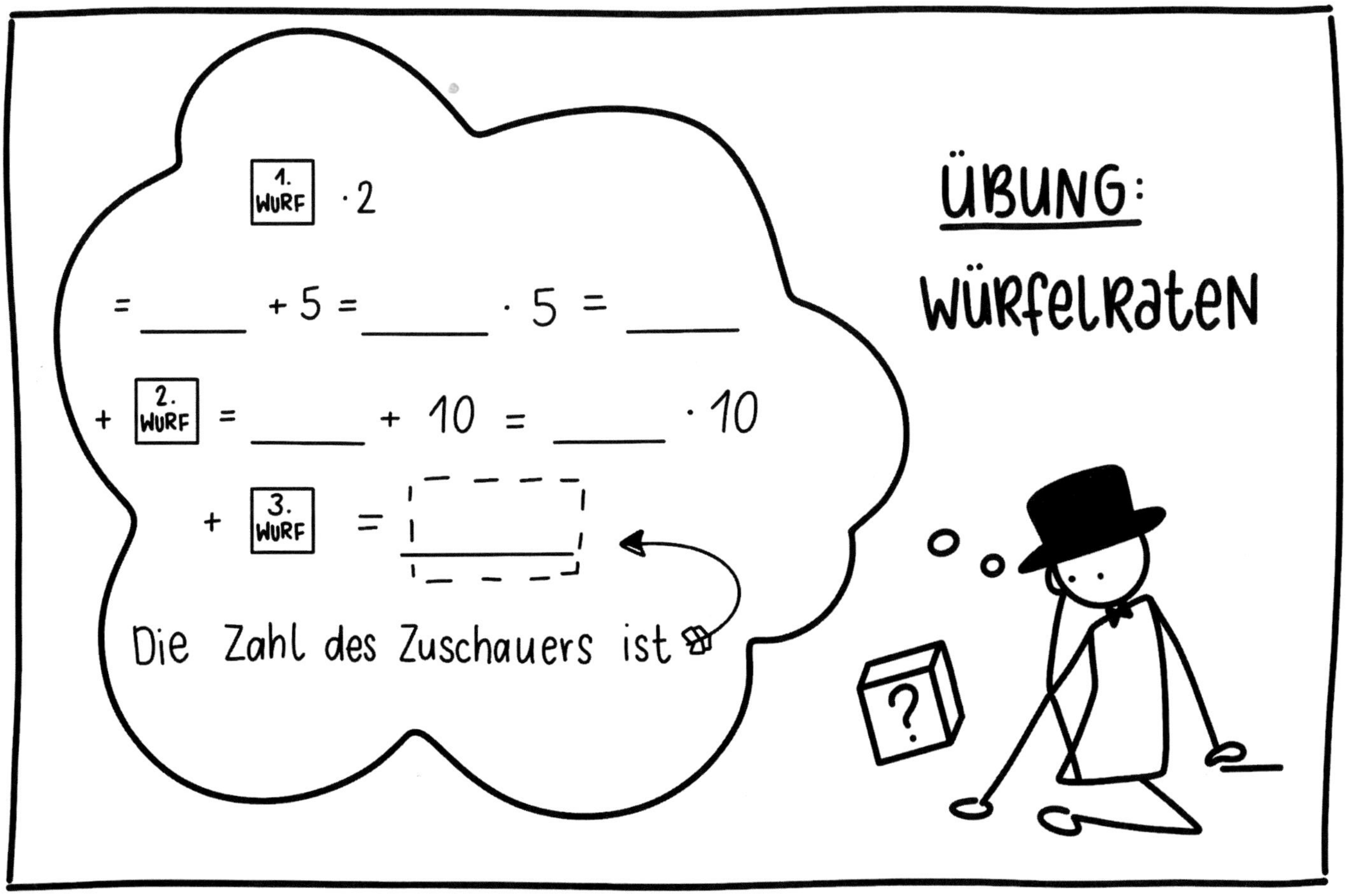

[1. WURF] · 2

= ____ + 5 = ____ · 5 = ____

\+ [2. WURF] = ____ + 10 = ____ · 10

\+ [3. WURF] = ______

Die Zahl des Zuschauers ist

ÜBUNG:

Würfelraten

?

BVK • Matthias Kürten: Zaubern in der Grundschule – Magische Zaubertricks für Groß und Klein

Kopiervorlage: Die Rest-3-Aufgabe

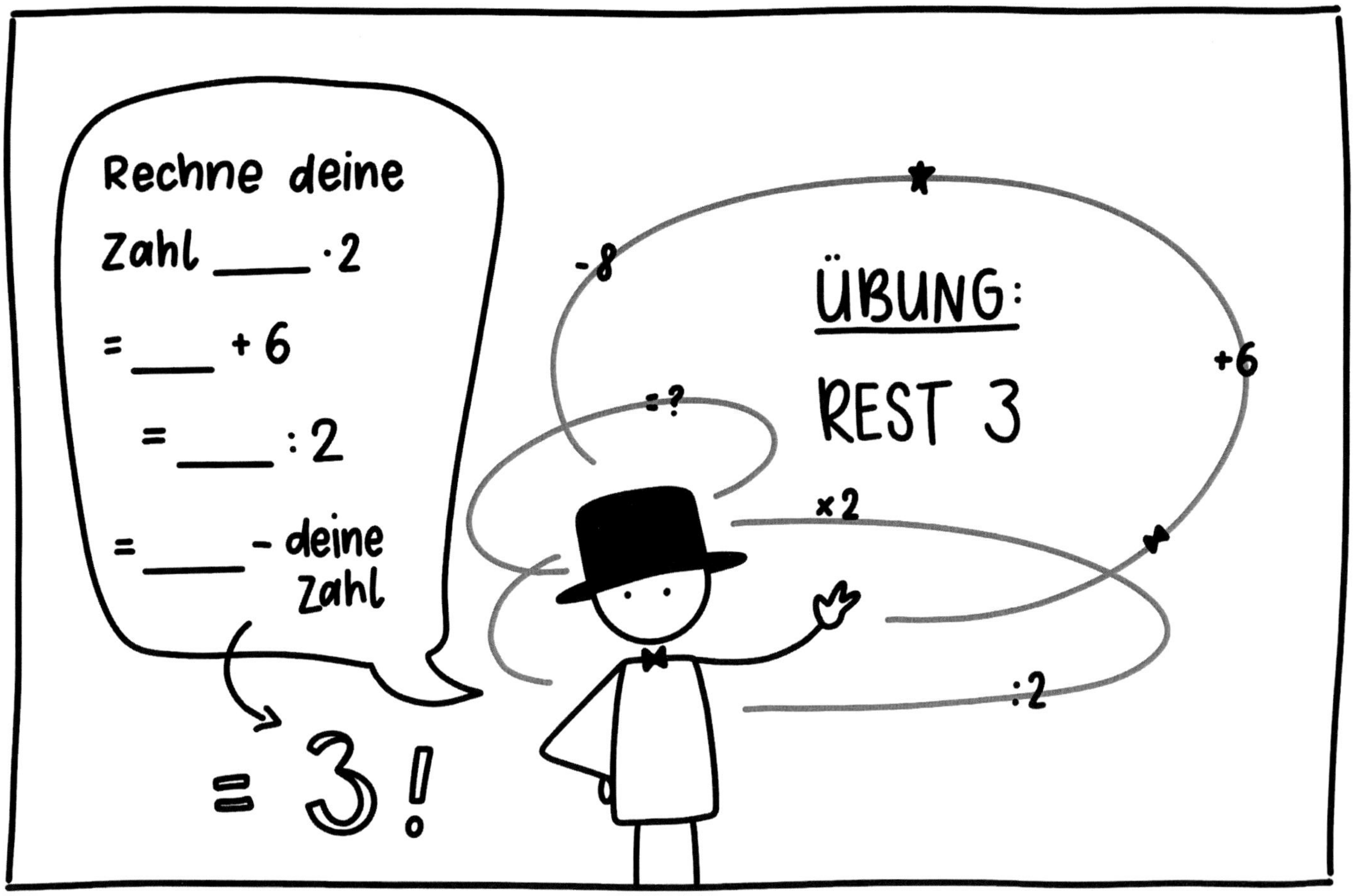

Rechne deine Zahl ____ ·2

= ____ +6

= ____ :2

= ____ - deine Zahl

= 3!

ÜBUNG:

REST 3

-8

+6

:?

×2

:2

Kopiervorlage: Die Rest-3-Aufgabe

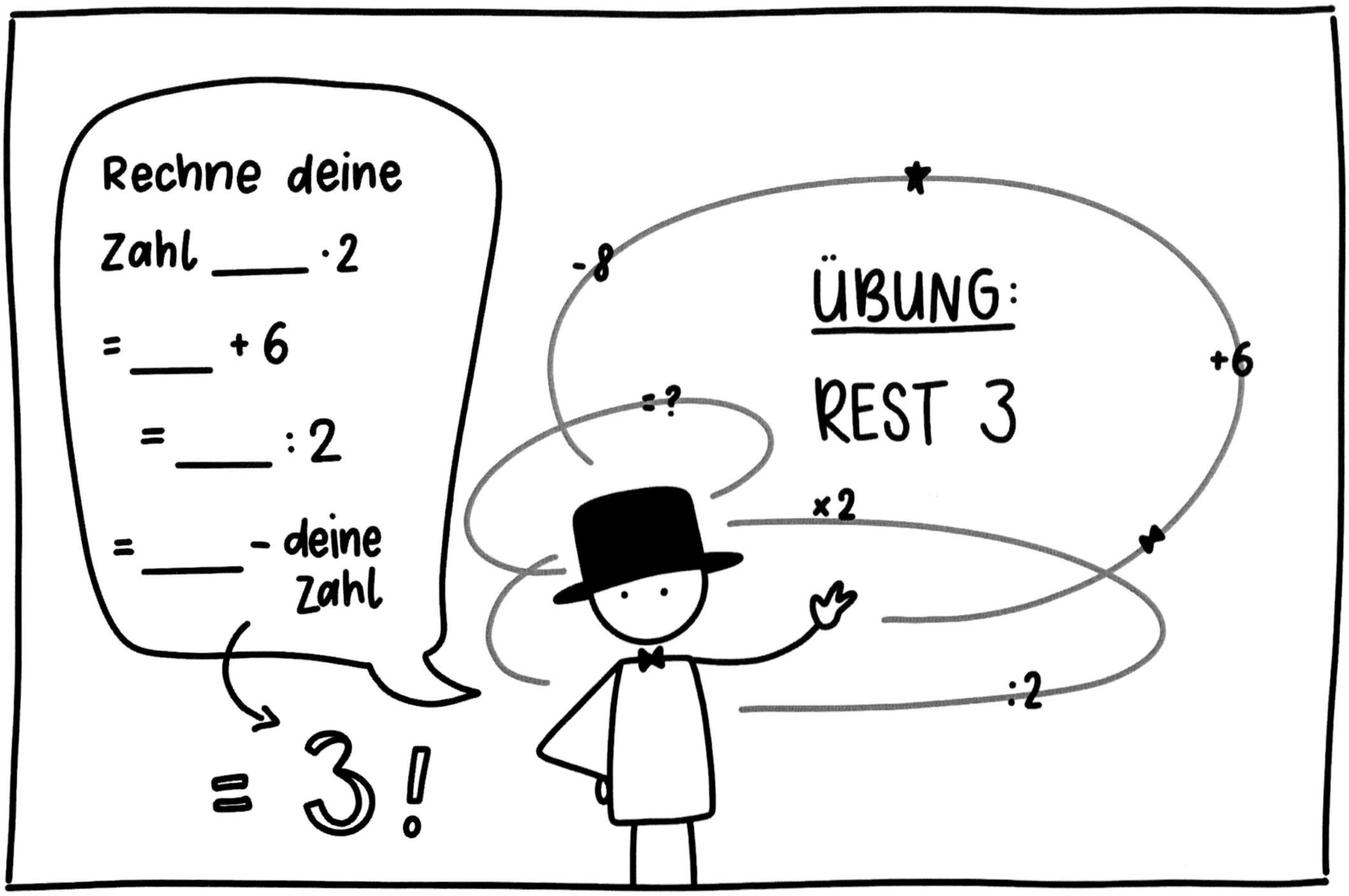

Rechne deine Zahl ____ ·2

= ____ +6

= ____ :2

= ____ - deine Zahl

= 3!

ÜBUNG:

REST 3

-8

+6

:?

×2

:2

Kopiervorlage: Der Zahlenhellseher

☆

4 5 6 7 12 13 14 15 20 21 22

23 28 29 30 31 36 37 38 39 44 45

46 47 52 53 54 55 60 61 62 63

☆

32 33 34 35 36 37 38 39 40 41 42

43 44 45 46 47 48 49 50 51 52 53

54 55 56 57 58 59 60 61 62 63

☆

2 3 6 7 10 11 14 15 18 19 22

23 26 27 30 31 34 35 38 39 42 43

46 47 50 51 54 55 58 59 62 63

☆

16 17 18 19 20 21 22 23 24 25 26

27 28 29 30 31 48 49 50 51 52 53

54 55 56 57 58 59 60 61 62 63

☆

1 3 5 7 9 11 13 15 17 19 21

23 25 27 29 31 33 35 37 39 41 43

45 47 49 51 53 55 57 59 61 63

☆

8 9 10 11 12 13 14 15 24 25 26

27 28 29 30 31 40 41 42 43 44 45

46 47 56 57 58 59 60 61 62 63

Anhang

Zaubergeschäfte:
Sic!-Verlag
www.sic-verlag.de/ Industriestr. 3 / 48301 Nottuln-Appelhülsen / Tel. 02541 – 2849
Hier erhält man gute gebrauchte Zauberartikel. Die Besitzer sind hochkompetente Kinderzauberer und können hervorragend beraten.

Zauber Kellerhof
www.zauberkellerhof.de/ Am Buschhof 24 / 53227 Bonn (Oberkassel) / Tel. 0228 – 441668
Einer der renommiertesten Zauberhändler in Deutschland. Sehr empfehlenswert ist das „Zauberstudio“. Jeden Samstag von 10 bis 13 Uhr stehen unterschiedliche Künstler bereit, um Produkte vorzuführen, welche anschließend käuflich erworben werden können.

Magic Factory
www.magic-factory.de/ Eickenscheidter Fuhr 82, 45139 Essen Tel. 0201 – 586930

Zaubervereinigungen:
Magischer Zirkel von Deutschland
www.mzvd.de/ Richard-Wagner-Straße 17 / 68623 Lampertheim / Tel. 06241 – 9770490
Der Magische Zirkel von Deutschland (MZVD) ist eine internationale Vereinigung der Zauberkünstler zur Pflege und Förderung der magischen Kunst. Seine Mitglieder treffen sich in über 75 Ortsverbänden. Der MZVD ist die einzige deutsche Vereinigung, die Mitglied im Weltverband FISM (Federation Internationale des Societes Magiques) ist.

Project Magic Deutschland e. V.
www.project-magic.de/ Am Spateneisen 1 / 34560 Fritzlar / Tel. 05622 – 4057335
Project Magic ist ein Programm, in dem Menschen mit körperlicher und / oder geistigen Herausforderungen magische Tricks erlernen. Dieses Training erzielt eine therapeutische bzw. pädagogische Wirkung in Bereichen wie Sensomotorik, Wahrnehmung, in psychozialen Fähigkeiten und vermittelt gleichzeitig Spaß und Freude an der Magie. Damit gelingt es, den Teilnehmern eine Verbesserung der Teilhabe am täglichen und insbesondere Sozialleben zu ermöglichen. Durch die hohe Akzeptanz der Zauberkunst wird – unter anderem durch Auftritte vor Publikum – das Selbstvertrauen gestärkt.

Literaturtipps:
Zmeck, Jochen: Handbuch der Magie, Henschelverlag (Grundlagenbuch für die Prüfungen im MZvD)
Pogue, David: Zaubern für Dummies, Bonn 2003
Rausch, Ulrich: Die Zauberfundgrube – Kunststücke für Schüler und Lehrer im Unterricht, Cornelsen 2003 (Antiquariat)